CONTENTS 目录

代　序 …………………………………………………… 1

序 ………………………………………………………… 1

第一章　研究的目的和意义 …………………………… 1
　　一、现实诉求　/2
　　二、理论建设的需求　/10
　　三、研究方法的需求　/11
　　四、研究的创新　/12

第二章　什么是朗读 …………………………………… 15
　　一、有声阅读是最能体味文化精髓的阅读方式　/17
　　二、有声阅读相关词语的词义辨析　/21
第一节　朗读的定义与分类　/29
　　一、朗读的定义　/30
　　二、朗读的分类和表现形式　/33

— 1 —

第二节　朗读评价的含义和标准
　　一、朗读的总体评价标准包含的特征元素 /57
　　二、朗读的总体评价标准 /60

第三章　朗读的教育功能 …………………………………… 64
第一节　朗读的功能 / 64
第二节　朗读的教育功能 / 69
　　一、朗读教育功能的含义 /69
　　二、古代典籍中对朗读教育功能的描述 /69
　　三、朗读的教育功能在当代的呈现 /85
第三节　朗读对青少年群体的教育功能 / 94
　　一、青少年的界定 /94
　　二、青少年的身心特征和认知的基本特点 /96
　　三、朗读在青少年教育中的功能 /96

第四章　朗读教育的现状和朗读教育功能的释放 ……… 106
第一节　朗读教育的现状 / 106
　　一、校内呈现 /106
　　二、校外呈现 /154
　　三、媒体呈现 /168
第二节　朗读教育功能再释放的解决方案 / 175
　　一、加强朗读教育的理论研究和机制创新 /175
　　二、加大教育决策和实施层面对朗读教育的关注 /179
　　三、进一步优化教材结构,尽快实现有声教辅资料的
　　　　规范化 /183
　　四、鼓励和倡导全民朗读,建立健全相应机制 /186

五、加强与高校和社会力量的互动及合作 /189

六、积极争取和倡议媒体对朗读教育的关注、推广 /190

参考文献 ·· 195

附　录 ·· 204

附录一 华东师范大学中国语言文学系2009—2012级培养方案（师范班）/ 204

附录二 华东师大中国语言文学系2009—2012级课程表（师范班）/ 207

附录三 北京师范大学2010级汉语言文学专业师范班本科课程总表 / 208

代 序

让朗读丰富我们的人生*
——"第十二届齐越朗诵艺术节暨第六届中国大学生朗诵大赛"观后

2010年5月14日,由中国传媒大学播音主持艺术学院主办的"第十二届齐越朗诵艺术节暨第六届中国大学生朗诵大赛"圆满落下帷幕。从1997年开始举办"齐越朗诵艺术节朗诵大赛",到2003年开始举办"中国大学生朗诵大赛";从只有一所、数所院校关注,到近百所院校先后参加,大赛已不仅仅是播音主持艺术专业学生的盛会,已经成了全国大学生朗诵爱好者相互交流学习的舞台。在这个舞台上,年轻人尽情地燃烧激情,挥洒希望的汗水,"用声音记录历史、用声音纪念辉煌、用声音展现风采、用声音创造明天"。十二届大赛,笔者每每着盛装出席,因为笔者把它视为具有重大仪式感的有声语言朝拜活动。在抑扬顿挫的朗朗诵读声中,聆听浩瀚文学海洋中的黄钟大吕,徜徉于中华民族五千年的精神世界,感受青春生命的律动,感受祖国语言的博大精深,觉得无比幸福。

与以往相比,本届大赛是参加院校最多、参与人数最多、参评作品最多的一次。作为主办方,我们既感到欣慰,又感到责任的重大。保护好、建设好现有的平台,并借此推进全民朗读文化活动,是我们的期待和追求。因此,笔者愿意将自己的一些思考与大家分享。

---

* 原文刊登在《现代传播》2010年第9期。

一、朗读会让人更为厚重和精致

语言不仅仅是一种工具,它的背后蕴含的是一种文化。每一种语言都记录着一个民族的兴衰荣辱,表达着一个民族的思维方式,体现着一个民族的精神气质,涵养着一个民族的生存智慧,传承着一个民族的文化血脉。中华民族五千年流传下来的经典文学语言,蕴藏着本民族最丰富的文化传统和精神财富,倾情朗读这些珍贵而美好的文字,就是在与历代先贤进行高贵的心灵对话,就是在追寻一部浩瀚而优秀的思想历程。一个经济高速发展的社会、一个锐意创新的民族,如果没有先进和深厚的文化作为根基,脚步是不坚实的。朗读让我们不断回望历史,远离浅薄,走向厚重;朗读让我们不断回望文化,远离潦草,走向精致。

电子信息技术的发展,催生了网络文化的热潮。阅读短信、博客、电邮,成为许多人重要的生活内容。快捷便利的搜索引擎,仿佛颠覆了"青灯黄卷""上下求索"的求知路径;简单输入几个关键词,仿佛就能替代"众里寻他千百度"的苦苦寻觅。网络让人们尽情享受"及时知晓"的文化,似乎想吃什么有什么,想吃多少有多少地漫游在信息的海洋之中。网络不仅改变了人们的阅读方式,甚至改变了人们的生活方式和思维方式。

铺天盖地的信息、唾手可得的百科知识、色彩斑斓的文化碎片,让我们可以省去"踏破铁鞋无觅处"的过程,就能直至"得来全不费功夫"的结果,就能应接不暇地享受着"获取"的快感。于是,人们渐渐适应了"花团锦簇蜂蝶绕""百花争向艳阳红"的喧嚣,而缺少了"曲径通幽处,禅房花木深"的意趣,缺少了"踏雪寻梅"的雅致和耐心,也缺少了"曾经沧海难为水,除却巫山不是云"的鉴赏力和感悟力。

凡此种种,在我们参赛作品的选择上,也多少有所表现。我个人认为,参赛作品中虽不乏思想性、艺术性俱佳的上乘之作,但选材面略显狭窄,且重复过多,尤其是中外古今的经典名作所占比重太小。六届入围决赛的作品中,只有一部中国古典文学作品。项羽似乎是颇受朗诵者关注的一个英雄人物,从《乌骓别霸王》到《西楚霸王剑》再到《乌江别》,两届大赛就连续有三个作品四位朗诵者对此乐此不疲;(大明宫词)中的那段母女对白也是备受追捧的目标,甚至从初赛、复赛至决赛能连续听到几个表演者的不同版本;随着电影《风声》的热播,今年的舞台上又谍影重重,竟然出现了数对顾晓梦和李宁玉的组合。信手拈来的网络文字或热播电影电视剧中截取的台词对白,在初赛作品中更是屡见不鲜。

　　经典著作是经得住时间考验和朗读推敲的作品。选材,是朗读创作过程中的重要部分;朗读,是筛选优秀文本的重要途径。怎么选,选什么?体现着创作者的心态,检验着创作者的审美取向和审美格调。改革开放三十年,在"时间就是金钱"的口号声中,随着社会的飞速发展,也造就了一拨拨风风火火的"急脾气"人。"落后就要挨打"这一血的教训,使"多、快、好、省"成了国人的普遍做事风格,干什么都着急,急着出结果,急着出成绩。殊不知,急就容易潦草,急就容易粗糙,"心急就吃不了热豆腐"。写到此,笔者突然想起朱自清散文中的一段话:"一年之计在于春,刚起头儿,有的是工夫,有的是希望。春天像刚落地的娃娃,从头到脚都是新的,它生长着。春天像小姑娘,花枝招展的,笑着,走着。春天像健壮的青年,有铁一般的胳膊和腰脚,领着我们上前去。"这是怎样的自信、从容和淡定!诗一般的文字背后,浸透出的是传统文人诗一般的心境,我以为,今天的中国人有资本享受这诗一般的人生!

　　我们有一座丰富的文学宝库,这是一代代炎黄儿女辛勤耕耘的智慧结晶,是中华民族得以繁衍生息的精神根基。从《诗经》到《楚辞》,从唐诗到宋词,从四大名著到现代文学史上的篇篇力作,面对祖宗留下的这么多精神财富,我们怎么能连细细品读的耐心都没有?怎么能为投机取巧而选择浮浅甚至哗众取宠？筛选朗读文本的过程，需要视野开阔，需要神宁气定。自然，看得东西多了就会慢慢鉴别出真伪优劣，看多了好东西就会一步步走向厚重、走向精致。

二、朗读会让人走向更为真诚和朴素

读书不能光"看"不"读"。书，为什么一定要"读"呢？曾国藩在《家训·字谕纪泽》中写道："非高声朗读则不能得其雄伟气概，非密咏括吟则不能探其深远之趣。二者并进，使其声调拂拂然若与我之喉舌相习，下笔时必有句读凑赴腕下，自觉琅琅可诵矣。"笔者认为这里说了两层意思：一是看到可遇不可求的好文字，不畅快地读出声来，不足以淋漓尽致地抒发感情；二是不感之于外、动之于情地读出声来，也不足以深入细致地领会文字背后的妙意。朗读绝不仅仅如《现代汉语词典》中所说的"清晰响亮地把文章念出来"那样简单。从文字世界到声音世界的过程，需要朗读者自身的情感置换和梳理，理解和感受是桥梁。声情并茂的表达，彰显和丰富了文字的内涵，又不断深化了对文字世界的开掘，真诚和朴素是基础。

1976年，笔者仍在北京人艺当演员。记得周总理去世后，笔者参加了一场悼念总理的朗诵会。演出结束后，笔者请曹禺先生提提意见。他沉吟片刻说："朗诵要让人爱听，听了还让人感动，真诚和朴素顶要紧。眼里有了，心里有了，嘴上才能有。"这其中的意思，我也是在实践中慢慢领悟的。眼里"有"，心里还得"有"，嘴上"有"的才能既好听，又感人，否则，光剩下嘴上的东西了，"有"的东西也是"水货"，也是"假冒伪劣"。真诚和朴素是艺术创作的最高境界，要达到这一境界，创作者就得实实在在，就得动真格的，就得汗珠子掉地下摔八瓣地真干，一分耕耘一分收获，来不得虚张声势，来不得花里胡哨。

看到这里，也许有人要提出质疑了：你这里强调的是"朗读"，而我们是在舞台上"朗诵","朗诵"具有很强的舞台表演功能,当然要强调形式,强调技巧,太老实、太"朴素"就吸引不了听众。的确,"诵"与"读"是有差别的,但正如《辞源》所释,"朗读也作朗诵"。"浅吟低唱吁抽绎其义蕴至于无穷"也罢,引吭狂歌"抑扬高下其声"也罢,"诵"也好,"读"也好,它们均要向文字作品本身进行认真地追问,"情动于中,才能形于外"。"以真诚为骨",以朴素为容,空洞的声音和花哨的形式是朗读的大忌。

纵观十二届齐越朗诵艺术节,特别是六届中国大学生朗诵大赛,我们欣喜地发现,其变化是显而易见的。选手的水平越来越高,体裁、样式、手段越来越丰富,表现力、感染力、可看性也越来越强。但与此同时,也出现了一些值得关注的新问题。比如,恰当使用声、光、电等附加技术手段,恰当融入一些表演元素,固然有助于刺激视觉观感,有助于增强语言的塑造力,但过分依赖或强调,又会削弱对语言功力的锤炼,分散对内容本身的关注。

近年来,选手倾向于选择人物语言(对白或者独白)较多的稿件进行诠释,取材于话剧、电影、电视剧的作品也大有上升之势。此类作品往往情节较为曲折,戏剧矛盾突出,人物性格鲜明,加之强烈的声光电以及服饰、道具的配合,很容易渲染舞台气氛,夺人眼球、引人注意。评委濮存昕说:有些选手过分热衷于"角色扮演",混淆了朗诵和小品的界限,混淆了朗诵和朗诵剧的界限。

需要解释的是,朗诵剧作为表演艺术的一种形式,与朗诵艺术还是有着明显区别的:其一,朗诵剧属于表演艺术的范畴,而朗诵自成一种语言艺术形式;其二,朗诵剧偏重于人物语言对白,朗诵则偏重于古圣先贤及今人的名篇佳作的诵读;其三,朗诵剧追求表演的完善,对声、台、形、表都有特殊要求,而朗诵则追求语言功力的锤炼;其四,朗诵剧在角色塑造方面讲求"我就是",而朗诵艺术中朗诵者作为稿件的讲述者讲求"我就在";其五,朗诵剧的选材主要是台词剧本,朗诵的选材则不拘一格。不难看出，朗诵作为一种独立的语言艺术形式，是有其自身基本的创作规律和原则的，它当然需要"借鉴"、需要"创新"，但不能"借鉴"得"非驴非马"了，不能"创新"得"姥姥不疼、舅舅不爱"了。

一个或几个人站在舞台上，仅凭着"说"就能抓住全场人的心，实在不是件容易事儿，但其独特的魅力也恰恰在于此。笔者认为，朗读贵在"真诚"，难在"朴素"，这是由其自身鲜明的特点和属性所决定的。《庄子·渔父》中说："真者，精诚之至也，不精不诚，不能动人。"《庄子·天道》中说："静而圣，动而王，无为也而尊，朴素而天下莫能与之争美。"真诚和朴素何等重要，所以说到底，我们还是要老老实实地把工夫下在理解和感受文字作品上，下在语言本身的表现力上。朴素，不是不要技巧和形式，但要处理好"朴"与"巧"、"浓"与"淡"的关系。我们要追求的是"大巧之朴，浓后之淡"。"清水出芙蓉，天然去雕饰"，这是一种大美，它美在了气质上。气质不是技术所能够完成的东西，它是一个人生活的印记，心灵的种子，精神的延伸，是生存的状态，是对生命意义的理解。

愿朗读成为我们的习惯，愿朗读"返璞归真"，让朗读丰富我们的人生。

鲁景超
（中国传媒大学播音主持艺术学院院长、博导、教授）

序

岁月如歌,时光如水。当我翻阅这篇评述第十二届齐越朗诵艺术节的文章时,以"雅音诵经典、真情咏中华"为主题的第十八届齐越朗诵艺术节暨全国大学生朗诵大会已于2016年11月落下帷幕。这届朗诵艺术节,在吸取以往经验的基础上,增添了创新元素,在北京中山音乐堂举行的中华传统经典文学朗诵艺术展演,取得了空前的成功,受到广泛赞誉,推动艺术节活动迈上一个新台阶。

从1997年开始举办的"齐越朗读艺术节朗诵大赛",迄今已有20年。历届艺术节的举办,展示了有声语言的艺术魅力,推动了群众性朗读运动的蓬勃发展。朗读艺术节已经成为传承中华优秀传统文化,弘扬社会主义思想道德,吸引人、感染人、鼓舞人的具有独特风景的艺术教育宣传平台。与此同时,艺术节活动的有序推进和群众性朗读活动的深入开展,也给有声语言创作与传播的研究和教学工作,提出了许多理论方面、实践方面的新课题,需要我们高度重视,认真对待,并积极地去探索解决。在这个节点上,恰逢我校教师高原撰写的《朗读教育功能论》即将付梓。这部专著的问世,无疑将为我们回应实践呼唤,进行理论创新提供一个新的契机和范本。

高原是我的第一位博士生,在本科和博士研究生阶段接受了系统、完善的有声语言艺术创作的训练。在英国攻读硕士研究生的经历,使他的研究与立论具有了广阔的国际视野。参加工作以来,他一直活跃在有声语言创作和传播的第一线。这些都为他的学术研究奠定了坚实的理论和实践基础,使该书具有诸多鲜明的特点。

其一,前瞻性。该书从朗读的历史渊源和本质特性出发,阐明了朗读的艺术特性和社会意义，揭示了朗读这一社会文化形态的运行规律和发展趋势，指出了在新的历史条件下，朗读作为社会文化的一种存在方式，其潜在的发展动力和广大群众对这种艺术形式的必然需求，以期引起社会广泛关注和重视，并为群众性朗读活动的兴起和发展提出了一些具体可行的应对之策和方法。我们欣喜地看到，近几年来群众性朗读活动的蓬勃开展，已经充分印证了作者立论的前瞻性和预见性。当初在确定研究方向时，也曾有人提出质疑，认为这是"小题大做"。然而近几年在对内增强"文化自信"，对外创新和加强"中华优秀传统文化对外传播"的过程中，以"朗读"为主要形式的文化活动蓬勃开展，并发挥了重要的作用，充分显示出了其旺盛的生命力及独到的文化传承、传播和教育功能。

其二，创新性。在朗读学理论体系的构建过程中，我校张颂教授的《朗读学》《朗读美学》等一系列著作，具有铺路奠基的开创性意义。《朗读教育功能论》一书的作者在吸取前辈学者研究成果的基础上，既有传承，又有进一步的探索，为朗读理论和实践的研究提供了新的视角和诸多独到的见解。虽然朗读学的构架已初步建立，朗读实践活动也一直在进行中，但由于种种原因，朗读学的相关理论研究一直缓慢而稀少。朗读学作为实践性学科，功能性是其重要的存在价值体现，作者提出教育功能是朗读的本体功能，并进行了深入、严谨、缜密的探索、分析、梳理和研究，其对朗读教育功能的理论阐释及其实现途径的探究，具有鲜明的理论创新特点，对朗读学理论的研究和构建具有十分重要的学术价值和实践意义。

其三，可操作性。坚持理论和实践的有机统一，也是《朗读教育功能论》一书的鲜明特点。作者在论述朗读学的基本范畴和一般原理的同时，运用大量篇幅着重阐明了朗读的教育功能，指明了在理论与实践的结合上朗读教育功能的释放路线及其策略方法，并特别提出了朗读学的研究者、教育者也应当是全民朗读实践活动的参与者、推动者和建设者这样一个极为重要的观点。在实际生活中,我们的学术团队一直活跃在推广、普及朗读文化活动的志愿服务第一线,高原作为团队中的核心力量是其中最为活跃的一位。多年来,他和团队其他成员一直积极参与辅导和评审各类不同层级、不同规模的朗读比赛和朗读展示活动,并协助我参与了数个国家级英模事迹报告团的业务指导工作,多次受到相关国家部委的表扬。可以说,作者的这部专著是团队大量实践经验的总结,是其参与全民朗读活动的理论升华。

简而言之,《朗读教育功能论》是一部既有理论传承、创新特点,又有显著实践指导意义的学术专著,是近年来有声语言艺术理论体系中的一部力作。相信阅读此书,对专业研究人员、教学人员及所有关注朗读理论和实践的热心读者,均会有所裨益。希望我们大家共同努力,为方兴未艾、蓬勃展开的群众性的全民朗读艺术活动,开辟更加广阔的发展前景。

鲁景超
(中国传媒大学播音主持艺术学院院长、博导、教授)

第一章 研究的目的和意义

朗读,作为一种语言现象,是伴随着人类语言文化的产生而出现的。朗读既是一种语言表达形式,也是一种语言艺术形式。

自古以来,人们就认识到有声语言在学习、传承和教育方面的巨大作用。在当代,朗读作为重要的有声语言形式,广泛应用于学校教育、文化传播、思想宣传、大众娱乐等各个领域。广播电视等传媒技术的广泛应用,为朗读这种语言艺术形式提供了多样化的展示平台。特别是数字化技术和移动互联网工具的迅速发展,为朗读活动的传播与普及提供了丰富的物质技术条件,开拓了更为广阔的空间。近年来朗读教学在中小学教育中的地位越来越引起人们的关注,充分重视和发挥朗读的教育功能,使之成为进行思想文化教育、普及社会主义道德风尚、弘扬优秀传统文化、建设和谐社会环境的群众喜闻乐见的大众教育和娱乐形式已经成为很多专家学者的共识。朗读活动对社会文明建设的能动作用,正在逐步被政府和民众所认知和认可。

特别需要指出的是,当代中国人民正在进行的建设具有中国特色的社会主义的伟大实践,赋予了朗读教育鲜明的时代内涵和极为重要的现实功能,同时也对朗读相关研究的进一步科学化、系统化、细致化,提出了强烈的呼唤和要求。

文化强国、道德重建、传递正能量、铸造中华民族核心价值观和共同的精神家园，是"中国梦"的重要内涵和组成部分。整个国民素质的提高，社会成员科学世界观、人生观、价值观的树立，文化修养、道德品质的完善，是完成这个历史性任务的根本保证，因此，如何将有声语言艺术形式运用到国民教育中去，通过其强大的传承文化、普及知识、发展思维、涵泳性情、修持道德、提升口语表达能力等教育功能去实现对人的塑造和完善，形成对中华民族伟大复兴的基础性支持，对包括笔者在内的有声语言艺术工作者和研究者而言，既是一个研究课题，又是一份实践工作，更是一份历史和社会责任。

有声语言艺术的形式和种类很多。相对国民教育而言，朗读具有群众基础广泛、影响力大、对物质条件要求低、可操作性强等特点，它是一种早被前人经验和当今实践所反复验证的、具有显著预期效果的教育形式。因此，研究朗读现象，把握朗读的本质特点和发展规律，对充分认识和发挥朗读的社会文化教育功能，具有不可轻视的理论价值和现实意义。

普通话朗读理论体系的建立，是一项宏大工程。理论探索是持久战，理论创新是集体智慧的结晶。一大批语言工作者数十年如一日，身体力行、辛勤耕耘，为有声语言的社会实践和理论研究奠定基石、开拓道路；同时，也言传身教，以求真敬业的科学精神和学者风范，教育和激励着我辈后进者虚心学习先人的研究成果，认真吸取历史经验，勇于实践，努力探索。

一、现实诉求

（一）传承文化和培育民族核心价值观的需要

中国优秀传统文化是一种具有极强生命力的文化，也是我们中国人赖以生存的重要精神支柱。中华传统美德是中华民族几千年的历史、文化凝炼而成的社会道德准则，是中华民族几千年灿烂历史文化的重要组成部分。

阅读是实现文化传承的一条重要途径,是一切学习活动的基础;阅读可以获取知识,涵泳性情,修持道德,是传承优秀传统文化的必由之路。近年来,欧美各国都把推广阅读活动作为提高国家软实力的必要手段。1995年,联合国教科文组织把每年4月23日确定为"世界图书与版权日",又称"世界读书日"。每年的这一天,世界上100多个国家和地区都要开展丰富多彩的庆典活动,把读书日变成一个热热闹闹的欢乐节日。1996年,美国将每年4月定为"全国诗月";英国政府接受了"世界读书日"的倡议,将3月6日定为全国读书日;我们的近邻日本和韩国,也在4月23日这天举行与读书相关的活动。[①]

我国在20世纪末提出了实施"倡导全民读书,建设阅读社会"的"知识工程",以倡导读书、传播知识、推动社会文明与进步为目的。新世纪之初,又将每年的12月定为"全民读书月"。中国过去30多年取得的成就,大大得益于20世纪重文化、重科技、"为中华崛起而读书"的热潮。一个民族的精神境界,在很大程度上取决于全民族的阅读水平。中国的持续发展需要更大的读书热忱做支撑。

然而到了今天,我国的阅读状况却不容乐观。根据第十二次全国国民阅读调查结果显示,2014年我国成年国民人均纸质图书的阅读量为4.56本,人均阅读电子书为3.22本,人均纸质图书和电子书合计阅读量为7.78本;而0—17岁国民的人均图书阅读量仅为8.45本。[②]有媒体报道:"联合国教科文组织进行的一项调查显示,全世界每年阅读书籍数量排名第一的是犹太人,平均每人一年读书64本。而中国

[①] 鲁景超."设立首都全民朗读日"断想[J].现代传播,2010(5):136-137.
[②] 中国新闻出版研究院."第十二次全国国民阅读调查"成果[EB/OL].中国出版网,(2015-04-20)[2015-09-07]. http://www.chuban.cc/yw/201504/t20150420_165698.html.

13亿人口,扣除教科书,平均每人一年读书1本都不到。"①2012年,时任国家新闻出版总署副署长的阎晓宏也表示:"和发达国家相比,我国的阅读水准仍然较低。欧美国家年人均阅读量约为16本,北欧国家达到24本,而我国年人均阅读量仅为6本。"②一个国家,人均读书量如此之少,其发展后劲令人担忧。印度一位名叫孟莎美的居华工程师曾针对中国人的阅读状况撰文,此文发表在网络上引起了人们的热议。该篇名为《令人忧虑:不阅读的中国人》③的文章详细描述了孟莎美眼中现代中国人缺乏阅读习惯的现状,作者在感叹"中国是一个有全世界最悠久阅读传统的国家,但现在的中国人却似乎有些不耐烦坐下来安静地读一本书"的同时,宽容地解释"或许我们对于一个经济还在迅速发展的发展中国家不应过分苛责——过于忙碌是压力所迫,并不是一种过错",但她依然表达了自己"如果就此疏远了灵魂,未来的中国可能会为此付出代价"的忧虑。是的,忙碌绝不是减少阅读,甚至是不阅读的理由,连一位旅居中国的外国友人都意识到了问题的严重性,我们自己更该警醒起来,增加国民阅读数量与提高阅读质量,刻不容缓。值得高兴的是,2013年8月5日,新华社发布了"全民阅读立法已列入2013年国家立法工作计划"④的消息,说明国家层面已经开始关注和重视提高国民阅读量的问题。

　　阅读有很多种形式,其中最为重要也最能体味文化精髓的形式就是有声朗读。朗读是以汉语有声语言参与的阅读方式,它不仅是积累语言、培养语感的手段,更是品读民族精神、感悟民族气质、传承民族文化内涵、宣扬民族道德典范、塑造民族共同价值观的物质寄托。

　　全国政协委员、中国传媒大学播音主持艺术学院院长鲁景超教授

---

①② 联合国教科文组织调查显示:中国人平均一年读书不到1本[N].深圳晚报,2013-05-21(18).
③ 孟莎美.令人忧虑:不阅读的中国人[N].西宁晚报,2013-06-03(A03).
④ 新华社."全民阅读"列入今年立法计划[EB/OL].新华网,(2013-08-05)[2013-12-21]. http://news.xinhuanet.com/legal/2013-08/05/c_125114388.htm.

一直致力于朗读文化和朗读教育的普及和推广,她在《关于设立"全国朗读日"的提案》中写道:"汉语是中华民族文化的摇篮,'语'和'文'是中华文化飞翔的两翼。在悠悠五千年的历史长河中,有声语言传播和简牍文字一起承载和熔铸着中华民族传统文化,是中华传统文化的重要载体和有机组成部分。文字使中华文化得以世代相传,而包括朗读经典作品在内的有声语言传播活动则使中华文化精神溶入国人的血液之中。无论是孔孟之士的'歌''吟''诵''读',抑或是佛学弘法中的敦煌讲唱,还是宋元时期的市井话本传奇,这些有声语言传播活动对于中国传统文化的哲学思想、价值观念、学术源流、艺术创作、典章规制乃至社会生活等方方面面都产生了深远的影响,具有不可替代的作用。"[①]短短几句话,朗读之于中华传统优秀文化和民族精神传承的重要性便已跃然纸上。

朗读这种有声阅读的形式,古已有之,中外皆是。我国宋代大理学家朱熹非常主张朗读。他说,凡读书,需要读得字字响亮,不可误一字,不可牵强暗记,而且要"逐句玩味""反复精详""诵之宜舒缓不迫,字字分明"。

发掘特洛伊城遗迹的德国人希伯来,是一位杰出的语言天才。他能在短短的时间内,学会许多国家的语言,用的便是朗读的方法。他即使阅读相同的文章,也一遍一遍地大声朗读,一直读到深夜。结果,每一种外语,他都仅用三到六个月的时间就学会了。

时代发展到今天,人们可以用轻便的阅读器下载文学小说,可以随时随地阅读手机新闻、收看手机电视,"青灯黄卷、秉烛夜读"在现代人的头脑中,似乎只和考试复习、完成学业有关。物质文化的诱惑,特别是快餐文化的盛行,使得人们很少阅读了,更不要说朗读,"朗读"或被束之高阁,或蜷缩在被人遗忘的角落。虽然,学校语文教育一直提

---

① 鲁景超.关于设立"全国朗读日"的提案[C].中国人民政治协商会议第十二届全国委员会委员提案,2013.

倡听说读写并重,但在高考的"指挥棒"下,朗读根本就没有得到应有的重视,课文中生动鲜活的语言文字被肢解为一个个考点、一道道练习题。语文教育脱离了感悟汉语语言魅力的初衷,陷入枯燥的语文知识堆砌和"重讲轻读""重练轻悟"的境地之中。简单便捷、实用功利的"浅阅读",填平了联想和想象的空间,消解了文本阅读带给人的抚慰和乐趣。①

2013年12月30日,中共中央总书记习近平在中共中央政治局就提高国家文化软实力研究进行的第十二次集体学习时强调:"中国梦的宣传和阐释,要与当代中国价值观念紧密结合起来。中国梦意味着中国人民和中华民族的价值体认和价值追求","提高国家文化软实力,要努力展示中华文化独特魅力,在5000多年文明发展进程中,中华民族创造了博大精深的灿烂文化,要使中华民族最基本的文化基因与当代文化相适应、与现代社会相协调,以人们喜闻乐见、具有广泛参与性的方式推广开来,把跨越时空、超越国度、富有永恒魅力、具有当代价值的文化精神弘扬起来,把继承传统优秀文化又弘扬时代精神、立足本国又面向世界的当代中国文化创新成果传播出去。"②

时代的呼唤和国家、民族发展的需要,都明确地告诉我们要尽快对朗读进行新时代语境下的重新解读,深入挖掘朗读的教育功能,完善朗读教育的目标和方法,再次唤起人们对朗读的重视和热爱,重现朗读昔日的辉煌。这一切对民族文化的传承与核心价值体系的健全完善,具有不可替代的重要作用。

(二)青少年培养的需要

青少年是祖国的未来和希望,是民族不断发展的动力,也是中华

---

① 鲁景超.随风潜入夜,润物细无声——朗读与情操的陶冶[J].新华文摘,2010(7):155.
② 习近平.建设社会主义文化强国,着力提高国家文化软实力[EB/OL].新华网,(2013-12-31)[2014-2-1].http://news.xinhuanet.com/politics/2013-12/31/c_118788013.htm.

民族伟大复兴的重要力量。毛泽东对中国的青少年寄予了厚望:"世界是你们的,也是我们的,但是归根结底还是你们的。你们青年人朝气蓬勃,正在兴旺时期,好像早晨八九点钟的太阳。希望寄托在你们身上。""世界是属于你们的。中国的前途是属于你们的。"[①]

一个民族是有精气神的,一个民族的精气神是否可以持续健康地发展,取决于这个民族中的青少年群体。梁启超先生总结的"少年强则国强,少年弱则国弱",就很好地揭示了一国之强弱兴衰与青少年的精神意志之间唇齿相依的关系。

1930年,钱穆先生在《大公报》发表论文疾呼:"中等教育本与大学有别。知识学业之传授,并不当占最高之地位。青年期之教育,大要言之,应以锻炼体魄,陶冶意志,培养情操,开发智能为主,而传授知识与技能次之。今日国内有一至可悲观之现象,厥为知识分子体魄与精力不够标格。一二十岁上下之中学毕业生,已渐具书生气,精神意识已嫌早熟。至大学毕业,年未壮立,而少年英锐之气已消磨殆尽,非老成,即颓唐。……精神意气早熟早衰,社会活力日以沦澌。倘更不于当前青年教育加意矫挽,国族前途,复何期望?"[②]放眼当今之青少年,钱穆先生在80年前的担忧部分已经成为现实,甚至有过之而无不及。

2014年3月底,教育部印发《完善中华优秀传统文化教育指导纲要》(以下简称《纲要》)。《纲要》科学、系统、及时地对在青少年群体中加强中华传统优秀文化教育的重要性、指导思想、基本原则、主要内容以及注意事项做出了详尽的说明,并对各级学校的教育实施提供了明确细致的建议和指导。

《纲要》强调:"加强中华优秀传统文化教育,是深化中国特色社会主义教育和中国梦宣传教育的重要组成部分,是构建中华优秀传统文化传承体系、推动文化传承创新的重要途径,是培育和践行社会主义

[①] 毛泽东.在莫斯科大学会见中国留学生时的讲话[N].人民日报,1957-11-17.
[②] 钱穆.文化与教育[M].桂林:广西师范大学出版社,2004:51-52.

核心价值观、落实立德树人根本任务的重要基础,对于引导青少年学生更加全面准确地认识中华民族的历史传统、文化积淀、基本国情,认清中国特色社会主义的历史必然性,坚定走中国特色社会主义道路、实现中华民族伟大复兴中国梦的理想信念,具有重大而深远的历史意义。加强中华优秀传统文化教育,是构建中华优秀传统文化传承体系,推动文化传承创新的重要途径。青少年学生是祖国的未来、民族的希望,加强对青少年学生的中华优秀传统文化教育,对于培养中华优秀传统文化的继承者和弘扬者,推动文化传承创新,建设社会主义先进文化具有基础作用。"①

由此可见,传承中华优秀传统文化,建立健全的社会主义核心价值体系,提高国家文化软实力应从青少年抓起。而提倡全民朗读,尤其是让青少年认识朗读、接受朗读、养成朗读的习惯,从而将朗读经典变成中国人的文化基因藏于血脉之中,将是实现中华民族伟大复兴的重要途径之一。

(三)学校教育教学改革的需要

疲惫的心灵需要滋养,民族的想象力需要培育。我们如何改变国人阅读和朗读的现状?这是教育工作者应该考虑的大问题。

中国共产党第十八届中央委员会第三次全体会议通过的《中共中央关于全面深化改革若干重大问题的决定》中明确提出:"深化教育领域综合改革。全面贯彻党的教育方针,坚持立德树人,加强社会主义核心价值体系教育,完善中华优秀传统文化教育,形成爱学习、爱劳动、爱祖国活动的有效形式和长效机制,增强学生社会责任感、创新精神、实践能力。强化体育课和课外锻炼,促进青少年身心健康、体魄强

---

① 教育部关于印发《完善中华优秀传统文化教育指导纲要》的通知[EB/OL]. 中华人民共和国教育部官网,(2014-03-26)[2014-04-02]. http://www.moe.gov.cn/publicfiles/business/htmlfiles/moe/s7061/201404/166543.html.

健。改进美育教学,提高学生审美和人文素养。"

一个不读书的民族是走不远的,"读书养性"是亘古不变的道理。阅读是教育的核心,因为每一科的知识都是通过阅读来学习的。接受教育的主要群体是青少年,而对青少年进行教育的主体是学校,因此,朗读教育在国民教育中实施的成败关键在于学校。学校的教学目标是培养出终生的阅读者,但"阅读",不能只看不读。朗读具有鲜活生动、老少咸宜的特点,而且容易形成大范围的影响力和示范效应。一个从小热爱朗读的人,始终会怀有阅读经典文本的渴望。帮助人们养成朗读的习惯,如同帮他们存了一笔巨额财富,让他们一辈子都受用不尽。朗读习惯的养成,可以使一个人拥有情趣和情调,使一个民族更加雅致和文明。①

全国政协委员聂震宁曾建议把每年 4 月 22 日确定为"全国读书节"。2009 年,温家宝总理到中国政府网与网友在线交流时表示赞成设立"全国读书节",希望借此推动全民族养成爱读书的良好习惯。全国政协委员、中国传媒大学播音主持艺术学院院长鲁景超教授多次呼吁设立"全国朗读日"。这些来自领导、专家等有识之士的言语和行为,都是朗读教育重要性的有力佐证。

《完善中华优秀传统文化教育指导纲要》(以下简称《纲要》)明确指出:"加强中华优秀传统文化教育,必须围绕立德树人根本任务,以推进大中小学中华优秀传统文化教育一体化为重点,整体规划、分层设计、有机衔接、系统推进,促进青少年学生全面发展,培养富有民族自信心和爱国主义精神的社会主义事业建设者和接班人;要坚持与时代精神教育和革命传统教育相结合,坚持课堂教育与实践教育相结合,坚持学校教育、家庭教育、社会教育相结合,坚持针对性与系统性相结合。开展中华优秀传统文化教育,要以弘扬爱国主义精神为核

---

① 鲁景超.随风潜入夜,润物细无声——朗读与情操的陶冶[J].新华文摘,2010(7):155.

心,以家国情怀教育、社会关爱教育和人格修养教育为重点,着力完善青少年学生的道德品质,培育理想人格,提升政治素养。"[①]

《纲要》强调,要"分学段有序推进中华优秀传统文化教育,把中华优秀传统文化教育系统融入课程和教材体系,全面提升中华优秀传统文化教育的师资队伍水平,着力增强中华优秀传统文化教育的多元支撑"[②]。

《纲要》要求:"各级党委教育工作部门和教育行政部门要把加强对青少年学生中华优秀传统文化教育作为一项战略任务","完善中华优秀传统文化教育的评价和督导机制,加强中华优秀传统文化教育教学研究,为完善中华优秀传统文化教育提供坚强保证和良好条件。"[③]

对青少年加强中华优秀传统文化教育,学校是重要环节。选择朗读这种可以群体参与、广泛开展、影响深远的重要教育形式,对贯彻《纲要》的要求,引领青少年学生品读民族精神、感悟民族气质、传承民族文化内涵,以及宣扬民族道德典范、塑造民族共同价值观等有着重要的传播和推动作用。

除了推出及时的《完善中华优秀传统文化教育指导纲要》,本书在进行的过程中,也适逢国家新一轮语文教育改革正式启动,因此,对学校如何更好地开展朗读教育、如何运用朗读教学的方式、朗读的教育功能如何更加有效地为语文教育和青少年培养服务等问题进行深入研究,发现问题和难点,并找出行之有效的解决之道刻不容缓。这是需求,也是使命。

二、理论建设的需求

1998年,张颂教授《朗读学》的问世标志着朗读作为一门独立学科

[①②③] 完善中华优秀传统文化教育指导纲要[EB/OL]. 中华人民共和国教育部官网,(2014-04-01)[2014-04-04]. http://www.moe.gov.cn/publicfiles/business/htmlfiles/moe/s5987/201404/166524.html.

的正式建立,该著作也为有声语言研究的拓展和深化,为有声阅读的进一步探究和发展奠定了基础、指明了方向,这是一部具有前瞻性,具有理论和实践双重指导意义的著作。但因为种种原因,该著作的出版没能引起全社会对朗读教育的重视,包括学校教育层面也没有意识到朗读教育的重要性,朗读的教育功能被大大低估,其作用没有得到充分的发挥。长期以来,本应作用于全体国民的朗读的教育功能被边缘化,基本只存在于语文课堂教学中,作为一种简单的课堂教学环节存在。

朗读活动及其教育功能的"边缘化",源自朗读相关理论的研究数量少、层次浅、维度单一、覆盖面窄,没有形成浓厚的研究氛围,整体影响力偏弱,不足以全面科学地指导和引领实践。理论是为实践服务的,大量丰富的实践又可以反作用于理论研究,使理论研究的研究对象更加具体、方向更加明确、研究的维度更加全面、研究的层次更加深入。因此,尽快地建立科学、全面的朗读学理论研究架构,完善和充实朗读及朗读教育的相关理论体系,才能有效地指导和引领朗读实践,才能充分释放朗读的教育功能,使朗读理论与朗读实践之间形成互相促进、互相补充的良性循环。

三、研究方法的需求

首先,包括朗读在内的有声语言艺术形式,都具有稍纵即逝的特点,研究样本的捕捉和记录,受到科技手段、设备条件、环境因素、人为因素等条件的制约和限制。其次,朗读过程中,声音、形象、动作、表情、神态、语气等元素抽象特性很明显,评价机制很难量化,因此,对欣赏者和评判者的主观态度依赖性很大。再加上不同人对朗读作品依托的文本的好坏评价、喜好,也是见仁见智,因此,对朗读过程的量化研究很难准确实施。最后,朗读及朗读教育的具体表现形式多样,作用的对象群体复杂,涉及的相关学科体系庞杂,产生的影响范围广阔,这些都为朗读理论的研究带来了一定的障碍。故而朗读相关理论研究的方法系统就必然具有特殊性、复杂性、专业性、操作难度大、跨学科体系等特点,这也是导致朗读相关理论研究的开展不尽如人意的原因之一。

要改善朗读的现状,就必须在建立朗读相关理论的研究方法上下大力气,寻找出解决的途径。

四、研究的创新

朗读学是反映朗读本质和规律的由一系列范畴构成的理论体系。范畴反映事物本质,规律是范畴的运动状态,是基本范畴之间必然的、稳定的联系。朗读学作为有声语言表达的理论系统,又具有鲜明的实践性特点。朗读活动本身,就是一个把文字语言转化为有声语言的能动的、创造性实践过程。立足于这个基本认识,笔者力求突出如下特点:

(一)在理论概括和阐述方面

在搜集大量的、尽可能全面的有关资料的基础上,研究和解读传统文化对"有声阅读"的精邃阐释。对经典文献的整理和研修,对古人、前人的精辟见解和历史经验的总结,为笔者奠定了坚实的学术基础。

笔者把"朗读"作为有声语言理论的最基本的核心范畴,主要在"朗读的含义""朗读的分类"与"朗读的教育功能"方面阐明了自己的研究成果,提出了若干有别于传统理论或观点的独特见解,力图在朗读基本范畴的理论概括上有所创新。

(二)在理论研究的方法论方面

1.研究方向和角度

以"历史的逻辑的统一""历史从哪里开始,逻辑就从哪里开始"的思想为指导,笔者从有声阅读的渊源入手,研究和探讨其产生、变迁和发展的过程,传承经典、取其精华、总结经验,力求从对传统文化系统的梳理中,探索朗读的本源和本质,把握朗读的特征和规律,并在此基础上,对现代朗读的含义、特征和功能做出科学的概括。

2.研究途径和方法

朗读的实践性本质特点,决定了朗读理论不仅要研究朗读概念、本质、规律等,还要研究方法论与可操作性,坚持理论与实践的统一。把"朗读的教育功能"作为朗读理论的基本范畴和研究对象,不仅是因为古今中外对这个理论问题的研究者寥寥无几,研究成果鲜有问世,更为重要的是,朗读教育功能的研究,是理论与实践相联系的桥梁,具有显著的实践价值和现实意义。

朗读理论必须与实践相结合,从社会实践中获取理论研究的课题与动力,验证自身的功能与意义。笔者在进行理论探研的过程中,进行了长时间的、大量的社会调研,采用了调查问卷、现场观察、课堂实录、深度访谈、亲身体验、教学实验、活动组织、样本追踪等形式,积累了必要的、反映客观实际的调查文本,为研究工作提供了较为翔实的素材和依据。

在本书的研究调研过程中,笔者从朗读自身的特点,以及对其进行相关研究的难度和复杂性出发,创新性地采用了"指导伴随式"的深访研究模式,将深度访谈和样本跟踪结合起来,取得了很好的调研效果,探索出一种针对朗读相关研究使用的新方法。

"生活之树常青,而理论常常是灰色的。"注释朗读理论研究只有

扎根社会实践,才能与时俱进、不断创新,保持自己的生机和活力,始终彰显自己独特的功能和价值。

(三)在学科架构方面

1. 朗读史的研究

朗读活动古已有之,但朗读学却是一门年轻的学科,其学科构架和体系尚不完善,尤其是相关史学的研究几近空白。本研究对有声阅读的渊源,及其产生、变迁和发展的研究梳理,也就是对朗读史的建立过程的研究梳理,因此这部分内容可为朗读史的研究提供可资借鉴的研究思路和必要的内容补充。

2. 朗读功能论的建立

如同朗读史一样,朗读的功能论也属于朗读学体系中不可缺少的组成部分,甚至可以认为是最重要的部分。朗读作为有声语言艺术的形式之一,只有在实践中才能体现它的价值。所有事物的实践过程,都是为了实现其功能效果的过程,因此朗读的功能论对于朗读学具有非常重要的理论意义和实践价值。本研究对于朗读功能,特别是朗读教育功能的研究过程和结果,为朗读功能论的建立和完善提供了一定的参考。

(四)在实践指导方面

第一,在国家教育主管部门大力推动完善中华优秀传统文化教育之际,本研究将及时地为该项工作顺利有效的实施提供可供参考的思路和实施建议。

第二,本研究的结果可为中小学语文教学和学校加强朗读教育提供一定的帮助和建议。

第三,本研究为加强全民朗读活动的推广和深入,以及对建立全民朗读日等国家标志性朗读活动,提供现实依据和理论支持。

第二章　什么是朗读

美国著名学者摩尔根①在《古代社会》里面曾经提出过,"人类的文明社会始于标音字母的发明和文字的使用"。② 这里我们可以理解为标音字母的出现形成了"语",文字的出现诞生了"文"。"盖依类象形,故谓之文;其俊形声相益,即谓之字",③而"语",即读音,"文"即字形,结合到一起构成了文字。

根据早期考古与人类学家推测,文字产生的时间大致不会晚于新石器时代晚期或铜石并用时代,即大约公元前 8000—前 6000 年。而对世界某一种文字体系进行研究的学者们往往不赞同这种观点,他们以成熟的、能够相对准确再现的语言要素、语言成分作为标准,或者以能够体现语言中的语音成分为依据,将文字产生的时间推后了好几千年,认为文字最初产生的时间大约在公元前 3000 年左右。④ 文字究竟是什么时候诞生的,不是本书研究的重点,但该推测和

---

① 路易斯·亨利·摩尔根(1818—1881).美国杰出的社会科学家.他的代表作《古代社会》被恩格斯评价为是一本在论述社会的原始状况方面像达尔文学说对于生物学那样具有决定意义的书.
② 摩尔根,L. H. 古代社会[M]. 杨东莼,马雍,马巨,译. 北京:商务印书馆,1981:12.
③ 许慎. 说文解字[M]. 北京:中华书局,1963:1.
④ 蒋修若. 关于文字起源的几个基本问题——简论世界文字起源的几种观点及差异[J]. 励耘学刊:语言卷,2012(2):174.

研究可以说明一点：人类的文明发展经历了很漫长的一个历史过程，而这个漫长的过程正是因为有了文字的记载，才得以薪火相传，不断进步发展的。

《汉语大辞典》对"文字"的解释有三：

第一，记录语言的符号，如汉字、拉丁字母等；

第二，语言的书面形式，如汉文、英文等；

第三，文章（多指形式方面）。

目前学界对于文字的界定存在着两种主要观点：其一，文字是在人类社会中约定俗成的用于保存记忆、传递信息的视觉符号；其二，文字是记录语言的视觉符号系统。这两种观点通常被称作文字的广义与狭义的界定，或宽式与严式的界定。[①]

从以上对文字的描述来看，文字的主要功能之一，或者说基础功能之一就是记录功能，按照当下的说法就是"备忘"功能。那么，从原始人"结绳记事"开始，人类要"备忘"什么呢？答案是经验和知识。人类是从发展阶段的底层开始迈步的，正是通过经验和知识的缓慢积累，才从蒙昧社会上升到文明社会。[②] 人类在自身发展的过程当中，不断创造和发展着文明，也不断记录下文明发展的足迹。几千年来，无数个小小的足迹汇集成了现在我们所处的高度文明的社会。

英国学者赫·乔·韦尔斯这样评价文字的出现对人类文化发展的贡献："随着文字的创造，人类的传统能够变得更加丰富，更加准确。在此以前随着世代变更的口语传统这时开始固定下来。相隔千百英里的人们这时能互相沟通思想。越来越多的人开始分享共同的书面知识和对过去及未来的共同之感。人类的思想变得能在广大的范围里发生作用，千百个头脑在不同的地点和不同的时代里能够相互引起

---

① 蒋修若.关于文字起源的几个基本问题——简论世界文字起源的几种观点及差异[J].励耘学刊：语言卷，2012(2)：180.
② 摩尔根，L.H.古代社会[M].杨东莼，马雍，马巨，译.北京：商务印书馆，1981：3.

反应,它成了一个更加持续不断、更加持久的过程。"①德国哲学家卡西尔说:"自我们生命诞生之日,自我们意识之光乍一闪亮时,语言就与我们形影不离。它陪伴着我们智慧前行的每一步履。人不可能离却这一媒介而生存,因为,语言宛如一种精神的气氛,弥漫于人的思维与情感、知觉与概念之中。"②这两段文字为我们描述了一段真实的人类发展进程,就在这个神秘而又伟大的进程中,人类智慧的祖先们为了打破文化传递和保存的时空界限,同时摆脱文化传递和保存受人类个体生命过程制约的局限,又创造性地发明了另一项使人类社会不断迈向更高文明形态的工具——阅读。

一、有声阅读是最能体味文化精髓的阅读方式

从对人类文明发展脉络的梳理过程中可以得知,阅读首先是一种工具,是人类在学习、吸收和掌握祖先不断创造和发展文明过程中记录下来的经验和知识的工具,也是用来进一步认识世界和发展文明的工具。阅读是一切学习活动的基础,是搜集处理信息、认识世界、发展思维、获得审美体验的重要途径,阅读可以获取知识,涵泳性情,修持道德,是传承优秀传统文化的桥梁。英国17世纪著名思想家、政治家和经验主义哲学家弗兰西斯·培根对阅读做的阐释,至今仍被世人奉为经典:"读书足以怡情,足以傅彩,足以长才。其怡情也,最见于独处幽居之时;其傅彩也,最见于高谈阔论之中;其长才也,最见于处世判事之际。练达之士虽能分别处理细事或一一判别枝节,然纵观统筹、全局策划,则非好学深思者莫属","读书补天然之不足,经验又补读书之不足,盖天生才干犹如自然花草,读书然后知如何修剪移接","读书使人充实,讨论使人机智,笔记使人准确","读史使人明智,读诗使人

---

① 韦尔斯.世界史纲[M].吴文藻,等译.北京:人民出版社,1982:217-218.
② 卡西尔.符号、神话、文化[M].李小兵,译.北京:东方出版社,1988:89.

灵秀,数学使人周密,哲学使人深刻,伦理学使人庄重,逻辑修辞之学使人善辩;凡有所学,皆成性格。"①

"知识改变命运",而知识的获取最直接、最有效的方法就是阅读。古今中外,关于阅读的名人名言特别多,"读书破万卷,下笔如有神——杜甫""书是人类进步的阶梯——高尔基""书中自有颜如玉,书中自有黄金屋——宋真宗赵恒""万般皆下品,唯有读书高——汪洙"②,再比如成语里面的"凿壁借光""囊萤映雪""负薪挂角""吴下阿蒙"等等,这些都是对阅读的赞美、提倡和推崇。

古往今来,伟大的思想家、文学家都是阅读的高手,更是阅读的受益者。卡尔·马克思一生阅读过1500多本书,包含十几个学科,写了100多本读书记,写出了《资本论》;列宁在其《列宁全集》中引用自己看过的书就达16 000本之多,他在研究"帝国主义"专题时,读了148本书和49种期刊中的232篇文章,写了60多万字的札记;毛泽东更是博览群书,对中国历史和中国文学涉猎广阔,曾自叙读过《红楼梦》5遍以上,《资治通鉴》17遍,直至晚年,还经常用浓重的湖南口音大声诵读喜欢的诗词文章;法国科幻作家儒勒·凡尔纳在写《月球探险记》时,曾经阅读了500多种图书资料,作品中的"霓虹灯、潜水艇、电视机、直升飞机、导弹、坦克"等都成了现实。

同时,阅读也是一种能力,是掌握和使用工具的技能,是一种学习知识、经验和技能的手段。这种能力并不是先天具有的,而是需要后天进行学习和训练才能够掌握,并且像所有的技能一样,需要经过积累渐进才能达到"熟能生巧"。

阅读可以按照不同的表现形式来分类。从"阅读"这个词的字面

---

① 王佐良.并非舞文弄墨:英国散文名篇新选[M].北京:生活·读书·新知三联书店,1994:9-10.
② 这两句话出自《神童诗》.是一篇影响广泛的启蒙读物.作者汪洙,字德温,宁波人,是北宋年间的著名学者。

组合拆分来看:"阅",《汉语大辞典》解释的第一条目是"看,查看";"读",《汉语大辞典》解释的第一条目是"依照文字念"。由此我们可以理解所谓"阅读",就是"看书"和"读书",一种是不出声地读,是为默读;另一种是出声地读,也就是有声阅读。

阅读可以按照阅读目的的不同分为以下几种类型:

(1)浏览性阅读。这是一种最常见的阅读方法。阅读者通过快速的浏览,可以获取大量信息,获得一般性知识。

(2)理解性阅读。这是一种非常重要的阅读。伴随阅读过程中的深入思考,阅读者在学习掌握新知识,提升认知能力的同时,还可以开阔视野、拓展思维。

(3)欣赏性阅读。这是一种为获得审美愉悦而进行的阅读。阅读的体裁以文学作品为主,读者通过涵泳、体味、想象、联想达到认识社会、陶冶情操、丰富生活的目的。

(4)借鉴性阅读。这是一种为提高写作能力而进行的阅读。在理解性阅读和欣赏性阅读的基础上,侧重分析研究和消化吸收读物的书写特点,来提升自我的写作能力。

(5)探究性阅读。这是一种为深入探讨和研究某一特定问题而进行的阅读,也是最高级别的阅读形式之一,在上述4种类型阅读的收获基础之上,还可能产生出独创性的观点。

对于这五种阅读目的,我们不难看出浏览性阅读和理解性阅读都可以通过默读完成。而到了欣赏性阅读的层面,默读似乎就力有不逮了。王力先生在《略论语言形式美》中也说:"语言形式的三种美——整齐的美,抑扬的美,回环的美——总起来说就是声音的美,音乐性的美。由此可见,有声语言才能表现这种美,纸上的文字并不能表现这种美。文字对人类文化贡献很大,但是我们不要忘记它始终是语言的代用品,我们要欣赏语言形式美,必须回到有声语言来欣赏它。"①"除了音乐性的美之外,语言形式差不多没有什么其它能引起人们美感的东西了。"②失去了声音的默读,也就失去了音律的陪伴。朱自清先生在《朗读与诗》中说道:"语言不能离开声调,诗文是为了读而存在的。"③我们前面讲过,在文字的形成过程中,字音的形成是重要的一环,而且是先于字形出现的,字音不仅仅是文字外化的辨别符号,其本身更是有意味的。语言学家索绪尔说:"语言符号联结的不是事物和名称,而是概念和音响形象。后者不是物质的声音,纯粹物理的东西,而是这声音的心理印迹,我们的感觉给我们证明的声音表象。"④因此,缺少了字音含义的阅读,对文字的欣赏价值至少是有缺失的。出声地读因为有了声音的参与,除了传递文本本身的理念上的内容外,还能够传递感情上的内容。由此看来,借鉴性阅读和探究性阅读在默读过程中就更难完整、准确、有效地实现其目的了。而有声阅读却因为既包含了字音的"声",又包含了字体的"形",所以它表达的内容和给阅读者自身所带来的启迪远比单纯的文字符号要丰富得多。朱子有言:"大抵观书须先熟读,使其言皆若出于吾之口,继以精思,使其意皆若出于吾之心,然后可有得尔。"⑤这就是说,书一定要出声读,而且要反复读,等读熟了之后才能进行深入的思考,从而将书中的微言大义消化吸收成自己的思想,"此真可谓读书有得,体贴入微之妙语"⑥。

世界上有数千种语言,现代汉语是最重要的语言之一。大量的元音,让汉语饱满响亮;抑扬的声调,让汉语起伏跌宕;丰富多彩的词汇和严谨灵动的语法,让汉语能够表现波澜壮阔的大千世界和细致入微

---

① 王力.王力文集:第十九卷:略论语言形式的美[M].济南:山东教育出版社,1990:324.
② 王力.王力文集:第十九卷:略论语言形式的美[M].济南:山东教育出版社,1990:330.
③ 朱自清.朱自清全集:第二卷:朗读与诗[M].长春:时代文艺出版社,2000:754.
④ 索绪尔.普通语言学教程[M].高名凯,译.北京:商务印书馆,1980:101.
⑤ 朱熹.朱熹集:卷七十四:读书之要[M].尹波,郭齐,点校.成都:四川教育出版社,1996:3889.
⑥ 黄仲苏.朗诵法[M].北京:开明书店,1936:5.

的思想感情。① 而有声阅读"是在对词语产生具体感受的基础上进行的。随着文字的流淌,朗读者会不断引发想象和联想,不断还原和丰富文字描画的世界,不断地把感受、感悟恰切生动地融入到声音的细腻变化当中。设身处地、如临其境,触景生情、有感而发,并于声情并茂的表达中体会文字背后的韵味和妙义,从而获得一种高雅的审美感受和审美愉悦"。②

有些书是一定要朗读的,钱理群是研究鲁迅的知名学者,他说:"我的直觉是,鲁迅的作品不能只是默看,非得朗读不可,他作品里的那种韵味,那种浓烈而又百转千回的情感,那些可意会不能言传的东西,都需要通过朗读来触动你的心灵。讲鲁迅作品,最主要是读,靠读来进入意境,靠读来捕捉感觉,产生感悟,先不要去做分析,追问什么象征意义,而要朗读,在朗读中感受其中的韵味、气势,这是接近鲁迅内心世界和他的艺术'入门'的通道。"③

由此可见出声的读可以"声形并茂"地全面实现阅读的五大目的,是最为重要也是最能体味文化精髓的阅读形式。

二、有声阅读相关词语的词义辨析

有声语言有着比文字更悠久的历史,研究人员发现,35万年前的原始人可能就已经具备简单的语言交流能力。④ 但出声地读作为一种有意识的行为,却是与文字符号的诞生同步出现的。从远古人类结绳记事开始,到人类祖先里面的一个或几个拥有超高智慧的先祖,决定创造一些符号来记录和教授后人,使人们逐渐积累的经验和技能得以

---

① 鲁景超."设立首都全民朗读日"断想[J].现代传播,2010(5):136.
② 鲁景超."设立首都全民朗读日"断想[J].现代传播,2010(5):136.
③ 根据钱理群在中国传媒大学"文化名家系列讲座"的录音整理.
④ 曹丽君.研究表明35万年前的早期人类已具有语言能力[EB/OL].新华网,(2004-06-26)[2014-03-17]. http://news.xinhuanet.com/world/2004-06/23/content_1541984.htm.

传承时，符号的读音就出现了。当创造这些符号的人把这些符号告诉自己的同伴时，尽管只是使用了人类先天发声器官发出的最原始的元音，但那个音节也是包含了丰富的含义的。从人类发出的那一声开始，就可以认为最原始的有声阅读出现了，并且从诞生伊始，它就不是单纯的、机械的读字活动，而是包含着意思和情感元素在内的。可以说，有声阅读是伴随着人类踏上文明之船的海浪，从此不管是暗波涌动还是激浪澎湃，它都与文明之船不离不弃，助推着人类的文明之船不断前行。

语言文字以及由文字组成的词汇都有发展演进的过程，其字义或词义在演进发展的过程中会发生一定的变化，有的变化大，有的变化小，程度不一。在我国，"出声地读"这一行为的名称、含义以及行为特征从无到有，从简单到复杂，从单一到丰富，也历经了三千多年的变迁。按照历史上这些名称出现的时间顺序来梳理，命名"出声地读"这一行为的字词主要有诵、读、吟、诵读、读诵、吟诵、朗读、朗诵等。这些名称在纷杂的历史变迁过程中，经历了起起伏伏的变化，虽然彼此之间有着兴衰更替，但时至今日依然存活着。如今，如果让人们来选定其中的一个作为"出声地读"的专用名称，恐怕很难得出统一的结论。出于对其适用范围和观照角度的不同，不同领域的人士对这些名称的理解也各有不同，朗读、朗诵、诵读、吟诵、背诵等字面字形相近的说法散见于数量众多的相关学术著作、论文、文学作品上。这种从不同角度、不同领域进行的解读莫衷一是，不光给专业研究人员造成了混乱和障碍，更给广大学习者带来了理解上的混淆和学习上的误导。

应该说，直至目前，当代的有关字典、辞书对朗读的释义均是通俗性的，是为了方便基于白话文和普通话的普通民众日常使用的。这些释义不是学术性的，不能直接拿来作为讨论复杂性、系统性极高的学术问题的依据。对朗读及其与它相关的字和词，不仅要准确地、完整地厘清它们的原始含义及其相互之间的异同性,还要客观地、全面地认清它们在长期使用中含义及其相互之间地位的历史变迁。特别是在近现代,以白话文的出现和普通话的逐步普及为基础,有声语言应用领域大众性、普及性的创新活动不断进行,这就使得教育和科研领域的广大一线工作者、研究人员积累起新的实践和理论成果。在广泛吸收这些经验、理论的基础之上,恰当地、准确地界定诵、读、吟、诵读、读诵、吟诵、朗读、朗诵等词语在当代有声语言活动中(包括社会应用、传媒、教育、科研等领域)的含义、相互关系和地位,消解在实践中早已存在的困惑和误区,促进各领域有声语言实践活动更加健康、成熟的发展,已经成为急切需要解决的课题。

笔者严格遵循历史文献的记载,按照"出声地读"在历史上出现的顺序,[①]从时间、出处和释义三个维度梳理了与其相关的主要名词概念及其本源,可以得出以下结论:

(一)诵、诵读特定的声调和节奏模式成为其生存发展的障碍

诵和诵读的"以声节之"在古代已经形成了特定的声调和节奏模式,由于古代科技手段的缺失,这些声调和节奏模式并没有被鲜活地记录保存下来,因此从时间参照角度来讲,"以声节之"早已失传。虽然当代人试图通过分析文本、探索规律、合理想象来对"以声节之"进行复原并加以创新改造,但在广泛的教与学的实践中,老师和学生大都遇到一些困难,产生一些困惑,甚至一些分歧。例如相关政府部门和社会机构一直坚持推广的"经典诵读"活动,尽管诵读的内容及其活动本身非常有意义,推广的力度和方式也在不断加大和扩展,但由于诵和诵读内在核心特征的难以准确复原和重现,使得教者、学者、研究

[①] 主要以《辞源》(广东、广西、湖南、河南辞源修订组,商务印书馆编辑部编,商务印书馆 2009 修订本重排版)和《汉语大词典》(中国汉语大词典编辑委员会、汉语大词典编纂处,汉语大词典出版社 1986—1993 年版)作为年代和释义参考。

者和推广者难以找到能够取得共识、解决问题的最佳方案。

由于业内没有统一的声调和节奏模式,语文教学大纲也没有严格的定义和要求,抛开艺术界表演性的诵、诵读不论,应在中国语言教学中占重要位置的非表演性诵、诵读的地位一直不高并有逐渐下降的趋势。有声语言的传授者大都根据散见于各类书籍中的定义、内涵及各自的师承所学、所听和理解去诠释诵读的本意,于是在实际的传授过程中便有了一千个哈姆莱特的现象,甚至出现"以己昏昏,使人昭昭"的现象。语言的受教者在这样的传承教育中无法体会诵读的美感和益处,对诵读的兴趣也就培养不起来,所以诵读连生存都成问题,更遑论发展。

(二)吟诵最适合古典诗文,属于个体空间的私语表达

吟诵在古代业已形成了特定的声调和节奏模式,且更具专业性,但如同诵和诵读一样,吟诵之法也已失传,此其一。其二,吟诵"具有浓郁的方言色彩,传调多样……包括北方官话系统和南方方言系统",[①]因此,当普通话成为中国的官方语言和中国人学习、生活的主流语言的时候,吟诵的核心特征就几乎消亡了。比如在吟诵的节律中起重要作用之一的入声,是一种古代汉语中的发音音调,而这种音调在普通话中不存在,因此用普通话进行吟诵就必然无法准确地重现吟诵在古时的节律特点。其三,现代的"出声地读"要求既能悦己,又能悦人;既可以在文人墨客小范围聚会时吟唱互赏,也可以在大众舞台上激扬文字。而吟诵的侧重却不在此,"吟诵的规则,迎合、适合于古诗文,适宜于文人个体空间的私语表达……自我空间的吟诵重自我陶醉,自我宣泄,不重表演"。[②] 从传播学的角度看,吟诵更多地只是实现自我传播和部分人际传播的功能,不能够满足当下对有声阅读大众性

---

① 林打打.读书的好声音——吟诵艺术概论[M].北京:九州出版社,2013:4.
② 林打打.读书的好声音——吟诵艺术概论[M].北京:九州出版社,2013:12.

和广泛性的诉求。当然,我们也绝不能因为这一因素而否定吟诵在当今的存在价值。应该承认,吟诵是一种学习、鉴赏、品味古典诗词的绝佳手段和途径,"吟诵与中国古典诗文的关系是与对古诗文声音效果的追求与生俱来的",[1]"历来的诗词创作、修改、鉴赏、口头交流与发表,多在吟诵中进行"。[2] 笔者在采访《读书的好声音——吟诵艺术概论》一书的作者林打打时,她也谈到了"吟诵这种形式对古典诗词是最合适的,因为很多古典诗词是通过吟诵创造出来的,它是一种创作方法,也是一种学习方法"。

唐代大诗人白居易就深黯此法,他经常在文房诗友之间、田间地头之上、茶肆酒楼之中吟诵自己的新作,观察听者反应,广采听者建议,借以修改成自己脍炙人口的作品。这一创作方法也为历代作家、评论家和鉴赏家所推崇和效仿。

但吟诵这种学习方法和创作方法,不太适用于现代汉语的学习和创作。因为现代的文学是以普通话的语调创作的,并不具备古典诗词的音韵特征,用吟诵未尝不可,但一是失去了吟诵的声调音韵之美,二是用普通话的四声去读总有些别扭,不是不可以,但不是最合适的。现代文用朗读这样的方式学习才是最适合的,因为现代文本来就是用朗读的方式来创作的。

在近代、当代,虽然断断续续地有人按照各自的研究和理解,在尝试颇具个人特色的仿古模拟,但也仅属"一家之言",各"家"各"派"固守各自阵地而已,经实践证明这些很难被采纳推广。综上所述,吟诵确实无法承担起当下统领有声阅读丰富庞杂含义的责任,但用来学习、鉴赏、品味古典诗文,或者少数人用来个人赏乐,偶尔供他人娱乐,也未尝不可。

---

[1] 林打打.读书的好声音——吟诵艺术概论[M].北京:九州出版社,2013:4.
[2] 秦德祥,钟敏,柳飞,金丽藻.赵元任程曦吟诵遗音录[M].北京:商务印书馆,2009:序.

(三)朗读在当下最具空前广阔和长远的发展空间

与诵读和吟诵的境遇截然相反,朗读一词越来越被社会认可、接受并被广泛应用。

(1)朗读一词诞生在唐代,在读的前面加一朗字,大有深意。朗,既可以做动词讲,也可做形容词用。作为动词是强调其张口发声的动作,作为形容词是强调其发出的声音必须清亮优美,其初衷就是用"朗"来表达和强调清亮的声音、优美的节奏,是给"读"作修饰用的。唐代是我国教育文化发展的黄金期,其他朝代难以望其项背,语言文学的高度发展必然呼唤与之更加匹配的新形式、新方法来帮助人们学习和传承。可见朗读并不是横空出世,而是在对"诵""诵读""读"诸方法改造提升基础上创造的一种新的学习方式。

再加上当时"读"的字义之一便是"读,诵书也",由此可见,在当时的语境下,朗读与诵读在本质上并没有根本的不同,只是朗读在语言的感情色彩上突出强调了声音和节奏的优美。同时我们注意到,早期研究者认为在李商隐那里,"朗读"的含义构成与"读"的字义之二"读,抽也"(即抽释理解书的意义)是不相关的。但根据李商隐明确指出"又有始朗读,而中有失字坏句不见本义者"(《与陶进士书》)的现象来分析,李商隐是肯定这种读书的行为属于"朗读"范畴的,只是没有达到"朗读"所要求的最高质量,特别是没有体现出朗读者对文本的理解而已。如果说该描述中的"朗读"不具备"抽释理解书的意义"的含义,那么李商隐就不会批评说都已经开始"朗读"了,却还"不见本义"。因此认为李商隐的"朗读"含义不包括"读,抽也"是不妥当的。从历史发展的角度看,字词的含义都是随着时代的发展而不断充实和延展的,而人们对字词含义的认知和解读同样也是逐渐丰富和完善的。从这一点出发,随着辨析和探究的一步步深入,最终我们发现,按照历史发展的脉络和文字使用发展的规律,大胆假设,小心求证,将词义进行合理的辨析和完善正是需要后人去做,并且是后人也必须要做的一件非常有益且意义重大的事情。

(2)朗读的"朗"只是为原来的"读,诵书也"增添了美学的修饰,即突出强调了清亮的声音和优美的节奏,使语言增加了感情色彩,以满足人们不断增长的语言审美需要,消解一些对枯燥文字的视觉、听觉和心理疲劳,但也恰恰是由于"朗"只突出强调声音和节奏的美学效果,而没有限定声音和节奏的具体模式,这就使得"朗读"一举甩掉了"诵读"和"吟诵"等早已形成的"以声节之"的腔调模式和节奏模式的历史包袱。不同时代的后人,都可以根据当时的文化发展需要和语言审美需求及标准的变化进行自由的选择搭配与实践运用,既可以选择采用创新的适应当代的声音和节奏形式来朗读,也可以选择作为历史文化保留的腔调和节奏形式来朗读。摆脱模式、顺应时代、着眼当下与适应审美,使"朗读"有了空前广阔和长远的发展空间。在这一点上,诵读和吟诵是做不到的。

(3)诵、读、吟等字及字义,诵读、读诵、吟诵、朗读、朗诵等词及词义,是在中国数千年的文化发展中不断适应新的需要而创造出来的,不同字义、不同字组成新词义,以及它们之间的关系,也在不断发生着微妙的变化。主要表现在:

诵读一词出现在汉代、三国时期,同时曾被长期广泛应用,但近代以来呈现缓慢的退出趋势。

读诵一词出现在汉代,但很快就退出主流语言体系,成为佛家的术语。

吟诵一词出现在晋代,与诵读一词的历史演变类似,到了近代,尤其是白话文逐步取代文言文之后,吟诵便快速衰退。

朗读一词出现在唐代,在古代的应用远不能和诵读一词相媲美,但在当代却异军突起,势不可当。

朗诵一词出现在宋代,虽在古代应用有限,但在20世纪10年代末之后,发展迅猛,日臻成熟。然而朗诵的含义和行为模式在历史演变过程中,逐渐侧重于表演性和即兴脱稿,因此在应用领域和表现空间上形成了极大的局限性,把不具备表演和即兴脱稿能力的广泛的人群排斥在外,使之无法成为最为普及和大众化的有声阅读方式。

凡此种种,就给了当代人顺应时代需要、创新调整某些词语的词义找到了历史参考和行为依据。从词义、应用和相互之间关系及地位的诸多发展变化事实来看,并结合前述来分析与综合,在当代,只有朗读最具空前广阔和长远的发展空间,最具占据领军地位的条件和优势。

(四)时代呼唤对朗读的深入研究、准确定义和详细分类

纵观过往时代的朗读,已经具有优美声音和节奏的"读,诵书也"的含义与功能,但仍然为后来时代保留了扩展增加"读,抽也",即抽释理解书的意义的含义和功能的空间。而当代的朗读,无论是在实践还是在理论上,同样提出了"读,抽也"的需要和要求:朗读既要充分理解和表现被朗读作品的思想情感,又要选择恰当的与被朗诵作品相适应的声音和节奏等表现手段。在朗读的各个应用领域和研究领域中,这无疑都是正确和恰当的。但是,长期以来在实践层面和理论研究层面,仍然缺少一块坚实而稳固的基石:当代朗读的准确定义该如何界定?其内涵和外延到底能涵盖什么?它与诵读、吟诵、朗诵等相关词语和行为的异同是什么,它们之间的现存状态处于怎样的关系?在当代语言的学习和传承中分别处于什么地位?如果把现实中已经有效实施并已经日臻成熟的朗读经验和理论,用朗读的当代含义去定义的话,这些问题不但会迎刃而解,也会使"朗读"空前宽广和长远的发展空间更加牢靠和稳定,更会统领在长期实践中存在的歧见达成共识。

发挥好朗读在当代教育、传播、宣传、大众娱乐、文化传承和科研等多领域已经取得的优势,对朗读进行适应时代、促进应用的恰当的完整的新定义,协调好朗读与诵读、吟诵和朗诵之间的新关系,在此基础之上,为当代的"朗读"设计切实可行的发展道路,制定高瞻远瞩的发展战略和行之有效的战术技术,已成为摆在当代人面前的迫切任务。这是使命,更是挑战。

第一节　朗读的定义与分类

笔者从文字符号的产生开始,按照历史上出现和发展的先后顺序,古籍中记载的相关字义与词义的出现、发展、演变和应用领域中地位的变迁,对一些主要的可以定义和描述有声阅读的字词进行了梳理。为了便于读者更加清晰地了解其脉络,笔者制作了下面的图示(见图2-1)。

当代的有声阅读已经具有非常丰富的内涵和多种多样的行为模式,文本类型的极大丰富也要求能有一个合适的词语来命名当代的有声阅读。这个词语必须能够涵盖当代有声阅读的全部内涵,并且必须具有深厚的历史积淀、开放式的发展空间、极强的可操作性以及很好的可延展性。

朗读,就是最佳的选择。

从梳理中我们不难发现,朗读的内涵、表征是在不同的历史时期、社会进程和文化领域中通过实践逐步建立、统一,从而确立下来的。时至今日,朗读已经成为一个拥有丰富内涵和清晰表征的概念。

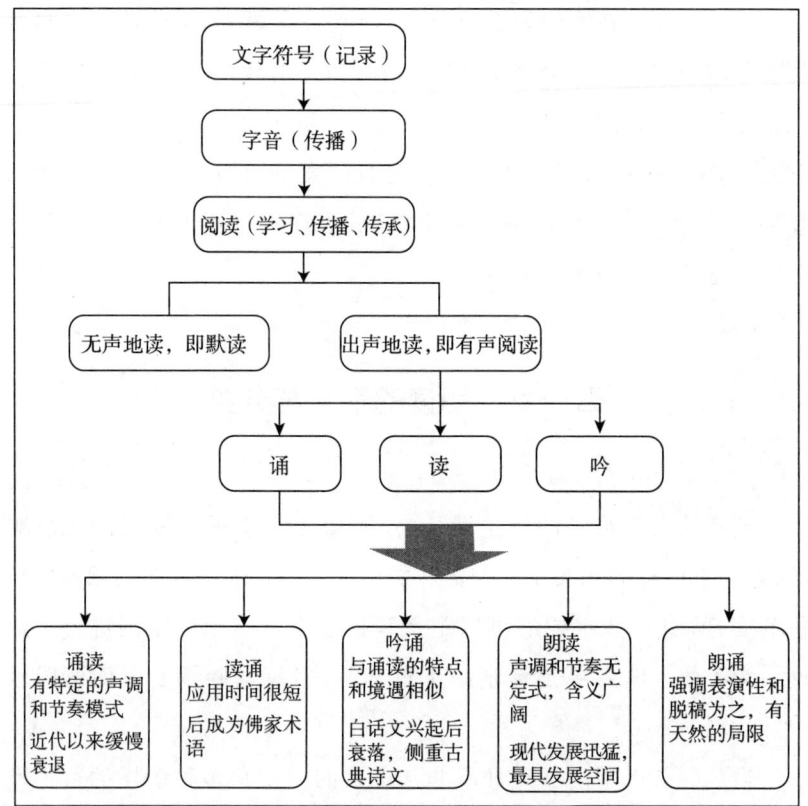

图 2-1　从文字到有声阅读形式的出现及演变脉络图示

一、朗读的定义

朗读,从字面上来看,"读"就是读书、念文章;"朗"是指声音洪亮、清晰。《现代汉语词典》上对"朗读"的解释为"清晰响亮地把文章读出来"。从朗读的本义上来探究,根据《说文解字》的解释,大致同"诵""咏""吟"等相似,显而易见其所含的属性里,有一定的艺术成分,朗读时,既使自己也使别人愉悦,应该是题中应有之意了。[①] 因此也有人认

---

① 张颂.朗读美学[M].北京:北京广播学院出版社,2002:19.

为,朗读是艺术加工过的"说话"、绘声绘色的语言艺术,①是依靠准确的语音来表达意义的艺术形式。②

还有人认为"朗读是读的一种,是朗读者以特定文字材料为基础,以语言为媒介,用声音准确、清楚、顺畅、生动地再现文章的思想内容,或者再创造文字作品艺术形象的一种活动"。③

张颂教授认为朗读是一种把诉诸视觉的文字语言转化为诉诸听觉的有声语言的活动,④是一种有意识、有目的的有声语言表达活动,是一种理清思路、调整心路的艰苦劳动,是一种由文字语言的存在状态向有声语言的存在状态转化的过程,是一种有始有终、独立稳定、具有一定成果形式的有声语言活动。⑤ 那么,这个过程是否如同《现代汉语词典》解释的那样,只是一个清晰响亮、见字读音的直觉过程呢?根据"独立稳定"和"具有一定成果形式"这两个特征描述来看,显然不是的。若想"独立稳定",就必须要有复杂的心理变化过程做支撑;"具有一定成果形式",则要求朗读者要有一个与心理变化相辅相成的生理变化过程,即"要想读得朗朗上口,不但要声音洪亮、清晰地读,而且还要读得有韵味、有节奏"。⑥

鲁景超教授一直致力于研究和推广朗读文化,她以深厚的文学修养和文学创作功底,结合 30 年来对广播电视语言传播、播音主持艺术、即兴口语表达以及相关领域的实践、教学和研究的丰硕成果,对朗读进行了充满人文情怀和感性色彩的描述:"以文字语言为依据,在理解与感受的基础上,把文字语言转变为清晰准确、情动其中的有声语言。朗读的过程,是向作品的思想深处层层开掘、不断追问、积极思考、理性之光升华的过程;朗读的过程,是与另一颗心灵对话,不断感

---

①② 戎寿坤,金奇.朗读念词基本技巧[M].武汉:湖北人民出版社,1982:120.
③ 答露.朗读在阅读中的作用[J].成功:教育,2010(10):69.
④ 张颂.朗读学[M].北京:北京广播学院出版社,1999:8.
⑤ 张颂.朗读美学[M].北京:北京广播学院出版社,2002:19-21.
⑥ 李平,常秀玲.普通话与朗读训练[M].西安:西安出版社,1998:77.

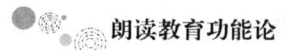

受、想象、感悟,感情之火燃烧的过程。"[1]

综上可知,第一,朗读是一种语言形式的单向转化过程;第二,这个过程伴随着朗读者主观的能动作用,是一个再创作的过程;第三,这个过程最终的呈现具有一定的艺术特性;第四,这个过程的发生必须严格遵照文字语言本身,也就是文字本体的读音、组合顺序和传递的主要意思。因此,若要根据朗读在当前已经具备的内涵丰富性和稳定性,从不同的角度、不同的观照范围以及表征的细微差别来准确地界定朗读的含义,将其分为广义概念和狭义概念最为妥当。

这里需要说明一下的是,本书所研究的朗读的使用语言是普通话,即中华人民共和国国家通用语,不涉及民族语言,也不涉及湘、赣、闽、粤等地方方言。

(一)朗读的广义概念

朗读的广义概念是以普通话为标准语言,以文本语言为依据,将文字语言转化为有声语言,同时伴随情感表达的有声语言艺术化再创作的过程。这个过程以不改变文字语言的读音、组合顺序以及主体意思为前提条件。

本研究中的研究对象是指广义概念意义上的朗读。

(二)朗读的狭义概念

朗读的狭义概念更接近"朗读"这个词的古义,和当代朗读的广义概念相比较,它忽略了实施过程中的情感因素和艺术性,是一种以强调声音响亮、语言流畅无误为主要诉求的朗读活动。

---

[1] 鲁景超.倡导经典朗读[N].人民日报,2008-11-13(16).

二、朗读的分类和表现形式

朗读是最适合普通民众广泛参与的一种阅读形式,也是最能体味文本内涵的阅读方式,更是一种广泛意义上的教育途径。然而由于种种原因,中国从近代开始就进入了"重文轻语"的误区,不光是普通民众对于有声阅读的重要性缺乏足够的认知,就连教育界也没能成为有声阅读有效的推广阵地。

朱自清先生不光是文学家,还是一位教育学家。他对朗读也有着很深的研究,曾经著文一篇《论朗读》。他认为朗读是与白话文的兴起相伴出现的,朗读更多的时候对应的文体是白话诗文,特别注重"意蕴"方面。[1] 同时,他还认为朗读是一种与"默读"相对的语文教学概念。一直以来,从小学到高中的语文教学中,朗读都是重要的教学手段、学习方法、学习要求和考核项目。各个历史时期和各个学段的语文教学大纲和课程标准[2]中都对阅读项目中的朗读有着明确的学习要求,但在笔者进行调研和深访的过程中,几乎每一位语文教师在谈到朗读教学的问题时,都会不约而同地表露出对学校教育中朗读实施现状的困惑、不满和担忧。这里面有多层次的原因,既和原先朗读的内涵模糊有关,也和有声阅读表现形式的几种分类界限不明、相互混淆有关,结果导致了朗读的实施和评判标准无法统一,训练方法缺失,最终影响了朗读的推广和普及。

前文我们讲过目前学界和业界在讨论有声阅读的相关话题时,几乎用到了自古至今描述有声阅读的所有词语,再加上有声阅读的内涵

---

[1] 朱自清.朱自清全集:第2卷:论朗读[M].长春:时代文艺出版社,2000:435.
[2] 1956年10月,教育部颁布了新中国成立后的第一个小学语文教学大纲。之后,曾先后五次制定小学语文教学大纲。2001年,以教育部颁布的《全日制义务教育语文课程标准(实验稿)》为标志,语文教学大纲被语文课程标准取代。

已经发生了很大的扩展,含义之丰富超越了以往任何一个时代,因此,我们不但要按照当代的语境对古时用词进行重新定位和归类,还要对后来随着时代发展对于有声阅读的新需要而产生的新词语进行筛选和归纳,这样才会使朗读的应用范围更加明确、评价标准更加准确、训练方法更加科学、实施方式更加灵活,进而对朗读的研究才能更加深化和具体,才能有利于朗读的健康发展和蓬勃开展,使朗读真正成为一门科研和实践同步良性发展的独立学科体系。

朱自清先生和黄仲苏先生都按照他们所处时代的要求对有声阅读形式进行过定义和分类。

黄仲苏先生在其著作《朗诵法》中将有声阅读行为总名称定义为朗诵,并按照"审辨文体,并依据《说文》字义及个人经验"和"朗诵腔调",将之分为四种表现形式:①

(1)诵读:诵读之而有音节者,宜用于读散文,如《四书》、诸子、《左传》、《四史》以及专家文集中之议、论、说、辩、序、跋、传记、表奏、书札等。

(2)吟读:吟,呻也,哦也。宜用于读绝诗、律诗、词曲及其他短篇抒情韵文,如诔、歌之类。

(3)咏读:咏者,歌也,与咏通,亦作永。宜用于读长篇韵文,如骈赋、古体诗之类。

(4)讲读:讲者,说也,谈也。说乃说话之"说",谈则谓对话。宜用于读语体文。

朱自清先生在其所著《论朗读》中,将有声阅读行为总名称定义为朗读,并在黄仲苏先生所论基础上,"按作者所知道的实际情形和个人经验"重新组合归纳为另外四种表现形式:②

吟读和咏读可以并为一类,叫作"吟";讲读再分为"读"和"说"两

---

① 黄仲苏.朗诵法[M].上海:开明书店,1936:126-128.
② 朱自清.朱自清全集.第2卷:论朗读[M].长春:时代文艺出版社,2000:435.

类;诵读照旧,只叫作"诵"。

两位先生的观点和划分方式从图 2-2 可以看得更加清楚:

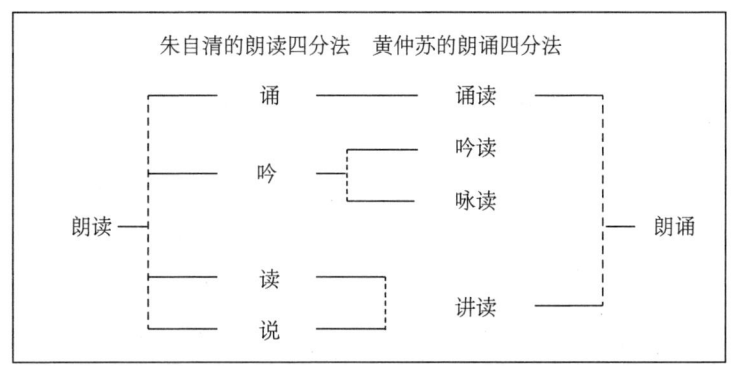

图 2-2　朱自清《论朗读》和黄仲苏《朗诵法》的关系图

笔者通过由古及今、从中到西的反复比对和筛选,在前人研究的基础上,结合大量的调研和访谈,最终挑选出了相对来讲出现频率最高、使用最广,也最为人们认可的 8 个有声阅读的相关概念:朗读(一般性朗读)、朗诵、诵读、吟诵、宣读、播读、播讲和演讲。这些词粗略看上去字形读音都相近,不仔细分辨还真是难以区别。这种现象有点类似于维特根斯坦所提出的"家族相似"理论,他认为语言在使用过程中,因为不断地突出各自概念的某一特征,而产生相似却不同的特征,这样就由一两个概念衍生出众多与之类似的概念。虽然成员不同,但"家族成员之间的各式各样的相似性就是这样盘根错节的:身材、面相、眼睛的颜色、步态、脾性,等等,等等",①即粗略精微的各种相似。不过没关系,既然我们前文已经推导出了朗读是代表当代有声阅读丰富内涵最佳的词语,那么还是按照梳理、比对的方式,依据广义朗读概念的主要特征来分析、比对一下它们与朗读之间的关联,这样就可以将之准确定位和分类。这也将是对前述论证过程和结论的一个反证。

---

① 维特根斯坦.哲学研究[M].陈嘉映,译.上海:上海人民出版社,2001:49.

(一)朗读

朗读在上述 8 个词语中是人们最为耳熟能详的词语之一,无论是作为日常口语表达常用的概念词语,还是作为书写概念词语出现在各层次、多学科的教学大纲和课程标准中,朗读的知名度不可谓不高。但是如此高的"知名度",却是在人们对其不甚了解的情况下造就的,也可以说正是人们对朗读概念的混淆乱用才造成"朗读"这个词的超高使用率。这听起来有点讽刺,但细究起来却是实情。人们日常口语里所谓的"朗读"实际上包含了朗读的广义和狭义两种概念,而课程大纲和课程标准里面使用的"朗读"概念与人们日常口语中提到的境遇相同,也是朗读广义和狭义概念的掺杂混合使用。比如以《现代汉语词典》中对于朗读的解释"清晰响亮地把文章念出来"来理解并指导朗读的人,通常会认为朗读算不得学问,是会说话就会做的一件事;幼儿园小朋友的家长和高中生的家长都可以很自豪地对朋友说,我的孩子去参加朗读大赛了。殊不知这两个年龄段的人在朗读时的表现恰恰就是朗读的狭义和广义概念之分。《全日制义务教育语文课程标准(实验稿)》中,同时出现了诵读、朗读、背诵三个概念,它把朗读和诵读作为并列概念使用。综上可以得知,这里使用的朗读概念侧重于狭义概念上的朗读,对朗读的广义概念中艺术性的追求相对弱化,甚至缺失。

但不可否认的是,"清晰响亮地把文章念出来"这种朗读形式有其存在的价值。古今中外的学者、教育家都认为朗读对于孩童的智力开发、语言发育、词语积累、人格形成、情感教育等方面有着非常重要的作用。1985 年,美国发布了一份名为《成为阅读大国》(*Becoming a Nation of Readers*)的报告,被《朗读手册》(*The Read-Aloud Hand-*

book)的作者吉姆·崔利斯[①]认为是"25年来最重要、最具'常识性'的教育文献"[②]该报告甚至认为对孩子来说"朗读是逐步建立知识体系的唯一且最重要的活动"。[③] 尽管如此,对刚刚度过牙牙学语阶段,开始成句说话的孩童来说,不能要求他们在朗读训练时有"艺术化"的丰富的"情感表达",只要能够声音响亮、流畅、准确地重复式朗读出来就可以了。为了在表述和应用上更加明确地区别于广义朗读,笔者将这种狭义概念上的朗读方式命名为一般性朗读。

一般性朗读是朗读范畴内最普及、适合最广泛人群参与的一种朗读类型,是对技巧性要求最宽泛的朗读入门形式,是朗读的基础形态。

(二)朗诵

朗诵在现实生活中的"知名度"丝毫不亚于朗读,甚至有时还超过朗读。现代的朗诵蓬勃兴起于20世纪10年代的新文化运动,广泛发展于20世纪三四十年代的抗日战争,日臻成熟于1949年中华人民共和国成立以来,至今方兴未艾。现代的朗诵虽然脱胎于古、近代的"诵读""朗诵"等,但却形成了自身的鲜明特性:娱乐性、表演性、宣传性、通俗性等。其中,"表演性"是朗诵一词从诞生之日起便具有的,后人在其成长的历史过程中又逐渐强化了其"诵,讽也"和"脱稿为之"的特点。

按照朗读的概念含义来做比对可以得知,朗诵是朗读的舞台表现形式,属于舞台表演艺术的范畴,其创作过程中可以加入音乐、服装、肢体语言、舞台效果等多种视听艺术元素,因此可以看作是一种相对

[①] 吉姆·崔利斯(Jim Trelease).美国著名的阅读研究专家。1989年他被国际阅读组织评为20世纪80年代对阅读推广最有贡献的8人之一,其代表作《朗读手册》被美国数十所教育院校选为指定教材,全球销量突破200万册。
[②] 崔利斯 J.朗读手册[M].沙永玲,麦奇美,麦信宜,译.天津:天津教育出版社,2006:19.
[③] Alvermann, Donna e. Becoming a Nation of Readers—The Report of the Commission on Reading[R]. Washington D. C., The National Academy of Education, The National Institute of Education, The Center for the Study of Reading,1985:23.

独立的艺术形式。苏联著名艺术语言大师、斯大林奖金获得者符·尼·阿克肖诺夫认为朗诵是一种艺术形式,是"戏剧艺术的变种",[①]是一种"更接近自然的、口语化的舞台语言"。[②] 斯坦尼斯拉夫斯基认为"语言即音乐。在舞台上讲话,这是一种困难并不亚于歌唱的艺术,要求有很好的修养和高超的技术",[③]这就很形象地描述出朗诵属于一种高级的朗读行为,是需要经过系统学习和训练才能够掌握的一种技能。"朗诵演员应当精通本国语言,掌握并感受到它的全部色彩,全部思想感情的微妙变化。朗诵的语言和蕴含其中的思想,应当是富有感情的、鲜明的、有目的的,也就是说是为了达到一定创作目标的。朗诵的特点还在于朗诵者要力图极有说服力地向听众表达出作品的思想和实质,要力图用这一思想来吸引听众,说服他们,让他们相信这种评价和描述。朗诵者必须通过自己积极的创作态度,通过自己的表述,善于支配听众的想象,让听众清楚、正确地理解作品的主题、它的主要思想,以及作品中涉及的事件、现象和人物,吸引听众并令他们深思,然后得出一定的结论。要做到这点,仅仅吐字准确和嗓音美还不够,这只是最起码的条件,不具备这些条件根本就不能从事朗诵艺术。仅仅文化和学识渊博,倾心于朗诵也不够,因为无论朗诵的技巧如何,文学作品本身通常是吸引人的。我们看到,有的朗诵演员,拿到一本有意思的书,几乎不去努力把朗诵技术提高到艺术的水平,就跑到听众面前讲述故事情节。这种演员只配称为别人思想和语言的'传声筒'"。[④]

朱自清认为"朗诵"是以白话诗的"朗诵运动"为发端的,"这种朗诵,边诵边表情,边动作,又是带有戏剧性的",[⑤]是一种"近于艺术表演形式

---

① 阿克肖诺夫.朗诵艺术[M].齐越,崔玉陵,译.北京:广播出版社,1984:19.
② 阿克肖诺夫.朗诵艺术[M].齐越,崔玉陵,译.北京:广播出版社,1984:4.
③ 阿克肖诺夫.朗诵艺术[M].齐越,崔玉陵,译.北京:广播出版社,1984:40.
④ 阿克肖诺夫.朗诵艺术[M].齐越,崔玉陵,译.北京:广播出版社,1984:38.
⑤ 朱自清.朱自清全集:第3卷:论诵读[M].长春:时代文艺出版社,2000:956.

的读文方式"。① 其实现代朗诵的"表演性"相较古时的含义已经发生了很大的变化。古时朗诵的"表演性",更多地还是体现为朗诵者在朗诵过程中自身的一种行为状态,而现代朗诵的"表演性"除了保留古义之外,还强调大众参与,而且这种大众参与是双向的,即表演者的大众参与和受众的大众参与两个方面。反观古时朗诵:儒家的"诵读""朗诵"主要是个体性的;佛家的"诵""朗诵"虽有"众齐诵"②和"大众齐声朗诵"③的规定,但与现代朗诵不分党派、不论宗教的全国各民族人民以及全世界华裔、华侨均可参与的大众性现代朗诵,是不可同日而语的。

  现代朗诵的大众参与性还体现在朗诵的语言使用上。虽然我们说朗读范畴内的所有形式都需要以普通话作为标准语言,但由于朗诵所具有的表演性质,在某些特定地区、场合或某种特殊需要的情况下,朗诵可以使用非国家通用语,也就是非普通话。例如作为专项比赛、舞台展演或学术研究交流场合使用时,就可以加入方言或古语进行朗诵。我国香港地区规模和影响力最大的朗诵活动之一的香港学校朗诵节,就分别开设了普通话组和粤语组,而且在某些比赛项目上还严格规定必须要有使用粤语朗诵的部分。④ 这也从侧面证明了朗诵可以被视为一种相对独立的艺术形式的可能性。但这种情况在我国毕竟所占比例很低,而且即便是用方言或掺杂古语来朗诵"文言"和"半文言"的古典诗歌和散文,其腔调、节奏等也是与现代朗诵的腔调、节奏特点和大众的现代审美相适应的。

  上述梳理清晰地揭示了朗诵具有鲜明的朗读的基本特征,符合朗读的所有基础元素,因此可以认定朗诵是朗读所属的类型之一,是一

---

① 王春芳.朗读、朗诵及其他——兼谈朱自清对诵读系列概念的界定及分类[J].现代语文,2007(11)107.
② 仪润.百丈清规证义记:第5卷:住持章第五:熏塔[M].台北:中华电子佛典协会,2009:418.
③ 书玉.二部僧授戒仪式[M].台北:中华电子佛典协会,2009:734,740.
④ 第67届香港学校朗诵节比赛(中文朗诵)章程[EB/OL].香港学校音乐及朗诵协会官网,http://www.hksmsa.org.hk/download/67CReg.pdf.

种特点非常鲜明的特殊的朗读表现形式,具有很高的辨识度,适合舞台或场地化表演。

(三)诵读

诵读是除朗诵之外,又一个在使用频率上可以和朗读分庭抗礼的词语。从对声音的要求和具备固有腔调、节奏的角度来讲,诵读和吟诵非常相似,也都具有"脱稿为之"的特点。在笔者挑选的8个词语当中,诵读和吟诵更像一对双胞胎。但从历史的角度看,无论是在时间的延续,还是在使用的广泛性上,诵读都略胜一筹。人们常说细节决定成败,那么一定是有什么细微的差别使得诵读得以胜出,我们接下来的分析就将找出这些差别。

诵读的含义包括:念(按字读出声);熟读(反复地阅读);背诵(凭记忆念出读过的文辞)。首先来看《说文解字注》里的两则释义:一是郑玄说:"倍文曰讽,以声节之曰诵。"二是段玉裁说:"倍同背,谓不开读也;诵则非直背文,又为吟咏以声节之。"这里"倍文"就是背诵文辞,诵即"背诵文辞的意思",只不过多了一点语气和语调。从入选全日制普通高中语文教材中的明代宋濂诗句"坐大厦之下而诵《诗》《书》,无奔走之劳矣"可以看出"诵"的对象大多数是讲究韵律的诗作,因此诵读在声音方面偏重"以声节之",这一点从前面我们对诵和诵读的本源梳理也可以得知。

最新版的《义务教育语文课程标准(2011年版)》中对于诵读的要求和实施建议如下:

(1)(1—2年级)诵读儿歌、儿童诗和浅近的古诗,展开想象,获得初步的情感体验,感受语言的优美。①

(2)(3—4年级)诵读优秀诗文,注意在诵读过程中体验情感,展开

---

① 中华人民共和国教育部.义务教育语文课程标准(2011年版)[S].北京:北京师范大学出版社,2011:8.

想象,领悟诗文大意。[1]

(3)(5—6年级)诵读优秀诗文,注意通过语调、韵律、节奏等体味作品的内容和情感。[2]

(4)(7—9年级)诵读古代诗词,阅读浅易文言文,能借助注释和工具书理解基本内容。[3]

(5)(实施建议)有些诗文应要求学生诵读,以利于丰富积累、增强体验,培养语感。[4]

从这些要求可以看出,现代教育工作者普遍认为诵读更适合于表现古典诗文,并且与文本本身注重韵律和节奏相适应,诵读拥有特殊的诵读语调和节奏。但这种语调和节奏在古代到底是什么样的,现代人已不得而知,而仅凭文字记载去揣摩、确定一种声音的样态恐怕是有失偏颇的,至少是不完整的,这也是诵读在现当代遇到的重要生存和发展瓶颈之一。因此《义务教育语文课程标准(2011年版)》的评价标准环节,只是对朗读的语调有明确的要求:"评价学生的朗读,可从语音、语调和语气等方面进行综合考察,评价'有感情地朗读',[5]而对于诵读,只是提出:"诵读的评价,重在提高学生的诵读兴趣,增加积累,发展语感,加深体验和领悟。"[6]

---

[1] 中华人民共和国教育部.义务教育语文课程标准(2011年版)[S].北京:北京师范大学出版社,2011:10.

[2] 中华人民共和国教育部.义务教育语文课程标准(2011年版)[S].北京:北京师范大学出版社,2011:13.

[3] 中华人民共和国教育部.义务教育语文课程标准(2011年版)[S].北京:北京师范大学出版社,2011:16.

[4] 中华人民共和国教育部.义务教育语文课程标准(2011年版)[S].北京:北京师范大学出版社,2011:22.

[5] 中华人民共和国教育部.义务教育语文课程标准(2011年版)[S].北京:北京师范大学出版社,2011:29.

[6] 中华人民共和国教育部.义务教育语文课程标准(2011年版)[S].北京:北京师范大学出版社,2011:29.

和吟诵一样,诵读也拥有自古就已形成的特殊语调节奏。但和吟诵不同的是,诵读的古音古调没有吟诵要求的那么苛刻,也可以理解为诵读对于音律的追求没有吟诵那么极致。另外,吟诵更侧重于自我陶醉、自我发泄式的私语状态,而诵读却既可以自我欣赏,也可以陶冶他人;既可以一人独诵,也可以众人齐诵;既可以诵读格式、韵律讲究规整的诗、词、歌、赋,也可以诵读形式相对散漫的散文、小品(这里特指古代的散文、小品);在古时既适合农夫妇孺,也适合文人书生。黄仲苏先生对诵读的定义也符合我们的推断,他将"审辨文体,并依据《说文》字义及个人经验",①解释为"诵读之而有音节者,宜用于读散文,如四书、诸子、左传、四史以及专家文集中之议、论、说、辩、序、跋、传记、表奏、书札等等"。② 由此可见,虽然诵读针对的也是古体诗文,但涵盖的文本体裁已经相当广泛,因此诵读相对吟诵来讲,适用范围更广、生命力更强也就可以理解了。

由于诵读在中国古代被广泛应用的时间最长,因此在以不断传承和创新为鲜明特点的中华民族数千年的文化发展中,以"诵"为核心字且与"诵读"同义和近义的词语,衍生和积累形成了一个庞大的体系,这是在不同的历史时期,由不同文化典籍的作者,从关于诵读的学习、诵读的教学、诵读的内容、诵读的方式、诵读的方法、诵读的传播等不同的方面和角度,来描述或论述诵读而不断创造出来的。在这一语汇体系中,有一个显著的特点需要特别关注:同一含义往往可以由不同的词语来表达,但某一词语在特定语境中(如上下文)的选择运用,又可以体现出独特的妙味和神韵。这既表现出了中华文化的多彩和精湛,也展现出了历代文化学者思想感情的丰富和语言艺术的高超。因此,用由古及今的方式来梳理、研究古人关于诵读的有关论述,进而准确界定诵读发展到今天所应涵盖的释义,就

---

① 黄仲苏.朗诵法[M].上海:开明书店,1936:126.
② 黄仲苏.朗诵法[M].上海:开明书店,1936:126.

不能只是关注"诵"这一个字和"诵读"这一个词。含有或针对与"诵读"同义和近义等相关词语的有关论述，也应予以必要和适当的关注。

根据笔者研读的心得，试将与诵读同义和近义的词语大致分类如下（见表2-1）：

通过对这些词语的排列组合，我们可以比较清晰地看到古人对于诵和诵读的研究、使用和解读已经相当成熟了。尽管其中有相当部分和诵读一起逐渐式微了，但并不妨碍我们通过这样的梳理辨析更好地在理解和继承诵读含义的基础上，更加严谨准确地充实、界定和延展朗读在当代的概念范畴与表现形式。

表 2-1 诵读同义及近义词分类表

序号	分类方式	类别	相关词语	释义
1	诵读的同义词分类	诵读类	诵念	犹诵读
			演诵	犹诵读
			披诵	展卷诵读
2	诵和诵读的方式分类	朗诵类	朗诵	高声吟诵；大声诵读
			琅诵	犹朗诵
			唪(fěng)诵	高声吟诵
			诵号	高声诵经
		吟诵类	吟诵	有节奏地诵读诗文
			诵吟	诵读吟咏
			诵咏	诵读吟咏
			哦(é)诵	吟咏朗诵

续表

序号	分类方式	类别	相关词汇	释义
2	诵和诵读的方式分类		叹诵	犹吟诵
			唱诵	犹吟诵
			昌诵	犹吟诵
			歌诵	吟诵、歌唱
			谣诵	歌诵
		弦诵类	弦诵	弦歌诵读；泛指吟哦诵读
			诵弦	诵读诗歌
			春诵夏弦	古代学校里读诗,只口诵的叫"诵",用乐器配合的叫"弦",泛指读书、学习
		默诵类	默诵	不出声地读书
			暗诵	默诵；背诵
			嘿(hēi)诵	暗中诵读
		诵览类	诵览	阅读
			诵观	阅读
		背诵类	背诵	凭记忆念出读过的文辞
			倍诵	犹背诵
			理诵	犹背诵
			覆诵	犹背诵
			诵书	读书或背书
			诵记	背诵和记忆
			诵忆	背诵并记住
			记诵	默记背诵
			谙诵	犹记诵
			诵志	诵读不忘
		讽诵类	讽诵	背诵；朗读,诵读
			诵讽	讽诵,吟咏
			谤诵	怨谤讽诵

第二章 什么是朗读

续表

序号	分类方式	类别	相关词汇	释义
3	诵和诵读的可用文字作品分类	内容类	小诵	年少时所诵习的典传
			讴诵	歌谣
			舆诵	民谣
			野诵	民间谣谚
			学诵	学诗；诵诗
			诵言	诵读经书之言；犹诵读
			诵训	诵读训诫之言
			箴诵	箴规之言的讲述与传习
			诵谏	诵读前代箴谏之语
			诵咒	诵经，念经
			诵呗(bài)	唱诵佛经
			礼诵	礼佛诵经
			焚诵	焚香诵经
			梵诵	佛家诵经
			禅诵	坐禅诵经
4		习诵类	习诵	学习诵读
			服诵	犹习诵
			拾诵	犹习诵
			诵习	诵读以学习；背诵并熟习
			循诵习传	犹诵习
			持诵	犹诵习
			诵持	诵念经文并持守之
			肄(yì)诵	学习，诵读
			诵肄(yì)	读书修业
		精诵类	精诵	精心诵读
			刻诵	专心诵读
			夜读	晦诵昼耕
			夜诵	白天耕种，夜晚读书，比喻读书勤奋

续表

序号	分类方式	类别	相关词汇	释义
4	诵和诵读的学习、态度、方法和效果分类,可简称诵和诵读的学习分类	粗诵类	麤(cū)诵	粗略诵读
		熟诵类	熟诵	反复诵读
			洛诵	反复诵读
			雒(luò)诵	反复诵读
			诵数	反复诵读;引申为记诵、背诵
			诵帚	比喻反复诵习,一朝警悟
		成诵类	成诵	读书熟,能背诵
			耳诵	耳闻即能成诵
			耳闻则诵	听过就能背出来
			过目成诵	看过一遍就能背下来
			触目成诵	看上一眼就能背下来
		诵绎类	诵绎	诵读并寻究其含义
			寻诵	寻绎诵读
			口诵心惟	口中朗诵,心里思考
			口诵心维	口里念诵,心里思考
		诵味类	诵味	吟诵玩味
			诵玩	诵读玩味
			玩诵	玩味诵读
5	诵和诵读的教学分类	训诵类	训诵	训徒诵读
			讲诵	讲授诵读
			课诵	课读吟诵
			诵说	传述解说;讽诵讲说
			诵述	诵读传述;讲述
			讨诵	讲习诵读
6	属于诵和诵读及其文字作品的传播分类	传诵类	传诵	流传诵读
			家传人诵	家家户户习诵读
			家传户诵	家家户户习诵读
			家弦户诵	家家弦歌,户户吟诵

这里需要说明的是,上述诵读的同义和近义等相关词语主要来自儒家和道教的语言体系。前面我们在梳理诵读的本源时曾提到过,不同的宗教传入中国后,与中国土生的道教、儒学等文化相互借鉴、相互融合,逐渐形成了具有中国特色的文化系统,因此本书在后续的论述中,只要不牵涉问题的特殊性,就不再刻意区别儒、道、佛等不同学派的术语了。

(四)吟诵

大约从20世纪90年代起,随着经济的高速发展,中国与世界各国的联系越来越密切,各种文化元素、意识形态纷纷涌入国内,与中国传统的文化元素相互博弈、相互渗透、相互融合。在这种历史背景下,在杜维明、成中英、刘述先等为代表人物的新儒家学派的大力推动下,一股"国学热"席卷中华大地。进入新世纪以后,这股热潮大有不断升温之势。正是借着这股热潮,吟诵回归到了中国普通民众的视线当中。

在信息传播技术高度发达的今天,人们每天都被各种各样繁杂无序的信息元素包围着,让人眼花缭乱,但即便如此,吟诵一词也以超越明星一般的曝光频率频频见诸报端、电视、广播、互联网、移动媒体、社交媒体等传播平台上,各地各界风起云涌般地开设各种吟诵训练班、吟诵学会、吟诵大赛、吟诵社团、吟诵课堂、吟诵书馆等,一时间人们逢谈国学,必提吟诵。2008年,"常州吟诵"被列为第二批国家非物质文化遗产名录。先不论人们突然开始热衷吟诵到底是什么原因,只说人们把吟诵和国学紧密联系,倒恰恰说明了在中国两千多年的文化发展进程中,吟诵确实与之紧密相连,有着无比辉煌的过去,具有重要的历史和文化地位。

从吟诵的本源我们可以得知,吟诵起端于晋,蓬勃于隋唐。与古体诗词讲究严格的格式音律相对应,吟诵也具有独特的、个性鲜明的、严格的音调和节奏规则,需要经过一定的训练,具有专业性的特点。白话文兴起之后,吟诵逐渐衰退,曾几何时,这个名词几乎都被人遗忘了。前文提到的"回归"正是这样出现的。那现在吟诵又被重视了,又"火"了起来,是什么原因呢?吟诵真的可以就这样一直蓬勃起来吗?在解答这个问题之前,我们要先弄清楚一件事情,那就是吟诵的回归确实与新儒家学派以及越来越多的专家学者提倡、推动中华优秀传统文化的复兴,国家倡导通过优秀传统文化的传承来建设中华民族共同的精神家园有很大关系。但同时,这个词语的频繁使用,也确实和普通民众人云亦云有直接的关联。在笔者调研和深访的过程中,就深深感到大众对于吟诵含义、特点和表现方式的认知与理解有很大缺失,就连一些专业的研究人员也不甚明了,甚至于很多人认为吟诵和朗诵、诵读、朗读是一样的意思。媒体在这场国学热潮中扮演了不遗余力推波助澜的作用,但这位勤劳的"推手"也没有分出足够的力量来对吟诵的相关知识进行透彻的普及。深究起来,吟诵的历史悠长反而成了准确定义和描述它的一大障碍。

在写这一段落的时候,笔者也颇感踌躇。来看看《汉语大辞典》的解释:"有节奏地诵读诗文。"这个解释太过简单,描述不清;再看看著名学者的文字:

赵元任先生说:"所谓吟诗吟文,就是俗话所谓叹诗叹文章,就是拉起嗓子来把字句都唱出来,而不用说话或读单字时的语调。"[1]这固然说出了吟诵与日常口语的语言感觉不同,但依然不能清楚地知道吟诵究竟为何物。

郭沫若先生说吟诵就是"无乐谱的自由唱",[2]那这和瞎哼哼有什么区别?于是还是一头雾水

---

[1] 赵元任.赵元任音乐论文集[M].北京:中国文联出版公司,1994:105.
[2] 洪深.戏的念词与诗的朗诵:郭沫若序[M].北京:中国戏剧出版社,1962:2.

陈少松先生定义吟诵"泛指用抑扬顿挫的声调有节奏地读",[①]依然是一种概括性的解读。

2013年,备受中华吟诵学会推崇的80后吟诵研究者林打打出版了《吟诵艺术概论》一书,书中给吟诵做了如下定义:"1.吟诵是传统吟诵和普通话吟诵的总称。传统吟诵,即私塾调,亦称读书调、书房调,具有浓郁的方言色彩,传调多样,是珍贵的非物质文化遗产。2.吟诵,有曲调,是音乐,是中华读书歌,是中国文人的读歌,是一种集创作与表现为一体的文人口语化音乐艺术,是古代流传下来的用声音表达诗文的一种读书方法和创作方法。"[②]虽然该定义提出了普通话吟诵的新说法,并将之与传统吟诵并排应用,可视作为吟诵的生存和可持续发展找到了一条可探究之路,但依然属于对"吟诵"的描述和解说层面,并不能视为科学、明确、严密的定义。

直到看到秦德祥先生的《朗诵、吟诵与古典诗词歌曲——兼与蒋凡先生商榷》一文,眼前一亮:"吟诵"是一种介于诵读与唱歌之间的汉文古典文学作品口头表现的艺术方式。吟诵的特性是"介于诵读与唱歌之间",即既近于诵读,又不同于诵读;既近于唱歌,又不同于唱歌。是没有固定乐谱的"自由唱"。[③] 按照前文对"吟""诵""诵读""吟诵"字义、词义本源的梳理,以及诵读含义和表现形式的界定研究,笔者认为该定义表述最符合吟诵的本体特征和行为特征,而且为原本几乎被自身独特腔调禁锢住生命的吟诵又开启了"介于诵读和唱歌之间"的可扩展的空间,虽然空间依然不大,但至少为普通话吟诵找到了学理的支撑和实践的指引。

该定义可细析成以下几点:第一,吟诵是一种"艺术"。详言之,是

---

① 陈少松.古诗词文吟诵研究[M].北京:社会科学文献出版社,1996:8.
② 林打打.读书的好声音——吟诵艺术概论[M].北京:九州出版社,2013:4.
③ 秦德祥.朗诵、吟诵与古典诗词歌曲——兼与蒋凡先生商榷[J].交响(西安音乐学院学报),2009,28(2):27.

一种"艺术行为方式"。第二,吟诵属于"表现艺术"。这里之所以用"表现"而不用"表演"一词,因为它主要是对于古典诗词文章自我体味、欣赏、品尝的"表现",不以"表演"给他人欣赏为目的。第三,吟诵的表现方式是"口头表现",与歌曲、戏曲、曲艺的演唱同属一类,不同于器乐演奏等表现方式。第四,吟诵所表现的内容限于"汉文古典文学作品",即以汉字书面形式展现出来的古典文学作品,既不包括其他民族文字书写的古典文学作品,也不包括以汉语为载体的汉族的、民间的、古典的、口头的文学作品。具体说来,即从《诗经》始,渐次至楚辞、乐府诗、唐诗、宋词、元曲乃至历代文赋、四书五经、启蒙读物等大部分古典文学作品。第五,吟诵的特性是"介于诵读与唱歌之间",既近于诵读,又不同于诵读;既近于唱歌,又不同于唱歌。

至于定义部分为何要用"汉文",而不用"汉语",秦德祥先生解释为"口头形式者为'语',书面形式者为'文'",[①]用"文"恰好能体现出吟诵强调要有写成的稿子,要遵照文本来进行。综上我们可以得知,吟诵本质上就是一种有声阅读的方式,属于朗读范畴内专职服务于古体诗词的一个类别。

说到这儿,在描述有声阅读行为的词语中,古已有之的几个主要词语已经辨析、界定完了,我们小结一下:

(1)一般性朗读、诵读、朗诵、吟诵都属于现代朗读的范畴,它们虽在古时候各有一片天地,也有过属于各自的辉煌时代,但恰恰是当初为它们带来辉煌的鲜明特性,随着时代的发展变迁,却逐渐形成自身的历史局限。

(2)一般性朗读针对特殊的群体,比如语言开蒙的孩童,具有不可替代的优势和意义,因此不能被摒弃,但也不适宜作为当代朗读的主流行为来推广普及。

---

① 秦德祥.朗诵、吟诵与古典诗词歌曲—兼与蒋凡先生商榷[J].西安音乐学院学报,2009,28(2):27.

(3)诵读和吟诵同样都属于古体诗文朗读的"御用工具",但具体行为模式和表现形式略有不同。根据其本体特征分工,诵读适合朗读无韵的古体小品、文章;吟诵适合朗读有韵的古体诗词。当然,要想将这两种朗读类型掌握好,一方面要进一步对其进行研究、挖掘,并进行专业的教与学的训练;另一方面,积极研讨摸索普通话吟诵的可行之路,也是必不可少的。

(4)由于吟诵既是一种读书方法又是一种写作方法,因此学习古体诗词写作的人或者研究古体诗词的人,就有必要好好研究和学习这种古老的朗读之法了。

(5)朗诵属于朗读类型中的"特殊人才",和其他几种类型比起来,它更强调行为模式和呈现效果,它既可以作为朗读的一种类型,又可以作为表演的一种形式。因此,诵读和吟诵有时就会成为朗诵的"特邀表演嘉宾",和朗诵一起"同台演出"。

(五)宣读

"宣"字的字义很丰富,其在本义上是个名词,在诸多解释里有一条解释为"皇帝的诏书",后来其词性发生了变化,增加了动词和形容词的性质,但只有动词词义部分有和本书研究对象有关的解释。"宣"在《汉语大辞典》里的相关解释如下:

(1)宣布。宣读:或王命急宣,有时朝发白帝,暮到江陵。——《水经注·江水》

(2)宣麻(宣谕任命将相的诏书。引申为朝廷任命);宣名(高声通报姓名)。

(3)宣扬;宣传,广泛传播:宣其德行。——《国语·晋语》

(4)又如:宣坛(僧、道为演说教义进行法事活动所设的讲台)。

(5)传达,多用于传达帝王的诏命。国王准奏,叫宣:把妖宣至金阶——《西游记》

(6)宣令(传达帝王的命令);宣命(传达皇帝的诏命);宣制(宣布帝王的诏命)。

(7)抒写;表白:夫民虑之于心,而宣之于口。——《国语》

(8)宣情(抒发情感);宣陶(抒发陶写)。

(9)诵读。如:宣卷(讲唱佛曲);宣讲;宣疏(诵读祝祷文);宣科(念诵);宣译(宣讲并翻译)。

(10)明白;了解:民未知信,未宣其用。——《左传·僖公二十七年》

不管是从"宣"作为名词的"皇帝的诏书",还是作为动词的"宣谕诏书,传达诏命",也无论是作为推广模范人物的"宣其德行",还是普通百姓担忧生活而"宣之于口",以上列举都能让我们明确地感受到"宣读"具有隆重、严肃、庄重、规范、重要的色彩在其中,而且带有宣传、告知、通报的意思。其实我们现代人用到宣读的情况经常也是如此:国务院总理宣读政府工作报告;人事部门宣读人事任免决定;检查机关宣读起诉书;法官宣读判决书;一项重大事故的调查组宣读声明;载人航天器成功发射之后,指挥部宣读贺电……宣读是一个词义非常清晰、具体的概念,根据朗读的四大特征,可以很容易就辨明宣读属于朗读的范畴,是指一种严格依照文本,声音洪亮、语流顺畅、语态稳重、清晰准确地传递文本意思,同时带有特定感情色彩的朗读形式,属于朗读类型中应用范围较窄的一种形式,只针对特点场合和特定事件,有时也为播音员所使用。从播音学的角度理解,宣读为"播音语言表达样式之一,其特点是语速稍慢节奏稳健、语句工整、讲究顿挫、语气庄重"。①

近、当代关于有声阅读的研究资料中,鲜见对于宣读的研究,想必也是因为宣读的词义明晰、应用范围有限的缘故吧。在不多的文献资料里,最著名的当是引领现代语文教学课程的叶圣陶先生,他曾经多

---

① 张颂.中国播音学:第2版[M].北京:北京广播学院出版社,2003:35.

次谈及宣读。他在论及阅读教学时,把读法分解成两种:"一种是吟诵,一种是宣读。无论文言白话,都可以用这两种读法来读。……至于宣读,只是依照对于文字的理解,平整地读下去,用连贯和间歇表示出句子的组织与前句和后句的分界来。"①按照叶先生的描述,想必此处的宣读取的是一般性朗读之意,如果按照宣读在实际应用中所体现出的最广泛特征来看,这种界定既没有涉及宣传的元素,也没有涉及其标志性的语言样态和感情色彩,应是不妥的。

(六)播读

张颂教授在《朗读学》中指出,播音学是从朗读学里"孕育和生发"②出来的,因此朗读的类型中会包含有属于播音学的概念和类型,播读就属于这一类。播读是播音学体系中的一个专有名词,特指新闻、消息、通讯类的播音创作过程,属于"有稿播音锦上添花"③的范畴。常见其和"新闻"组词,称新闻播读,也叫新闻播报。播读在实践应用上主要出现在新闻播音中,具有"语言节奏明快,声音纯正明朗"④的特点,可以很好地体现新闻"准确和及时的特征"。⑤

电视播音员或者网络视频节目的播音员在新闻播读过程中,除了有声语言之外,还会用到副语言,也就是肢体语言、表情、神态、眼神等来传递信息,这一点和朗诵有形式上的相似。但实际上播读与朗诵只是形式上的"貌似",在本质上却是"神不似"。朗诵的副语言更多地是为了其表演性特征进行服务的,或是为了渲染某种气氛,或是为了营造某种效果,朗诵者可以进行适度夸张的、戏剧化的副语言行为,这在朗诵过程中都被允许。而播读却不可以,播读时的副语言只是为了信

---

① 朱自清,叶圣陶.精读指导举隅 略读指导举隅[M].郑州:河南教育出版社,1989:4-5.
② 张颂.朗读学[M].北京:北京广播学院出版社,1999:13.
③ 张颂.中国播音学:第2版[M].北京:北京广播学院出版社,2003:33.
④ 张颂.中国播音学:第2版[M].北京:北京广播学院出版社,2003:34.
⑤ 张颂.中国播音学:第2版[M].北京:北京广播学院出版社,2003:33.

息传递得更加通畅、更加有效,也帮助受众对信息的接收更加清晰、易懂,但绝不能干扰、影响信息的准确、及时和有效传递。在这一点上,是一定要与朗诵的表演式副语言严格区分开的。

还有一点需要指出,朗读是伴随着情感表达的有声语言的再创作过程,对于情感表达的尺度把握是需要依据文本特征进行的,也是需要经过专门的训练和长期实践总结才能掌握的。新闻播音员在播读新闻、消息时,应始终恪守"用事实说话,以新动人"[①]的原则,那就是不以个人的情感倾向和情感状态去扭曲新闻事实,去干扰和影响受众对于新闻事实的接收和理解。但这样说是不是意味着新闻播读就是无情感的、冷冰冰的,新闻播音员是否就只是见字发声呢?如果播读不存在情感运动的过程,那是不是就不属于朗读的范畴了呢?当然不是,因为新闻播读还有一个重要的原则,那就是立场和态度。我们国家的新闻事业是无产阶级的新闻事业,因此我们的新闻播音员是站在无产阶级和人民大众的立场上的。只要播音员在播读时有了立场,那就意味着播读的过程始终伴随着情感表达的过程,只不过这种情感表达的运动幅度很小、运动强度很低,并且受到真实性是新闻第一性原则的制约和限制罢了。

因此可以认定,播读不但属于朗读范畴,而且是有很强专业性的一种朗读类型。

(七)播讲

播讲和播读类似,也是一个跨界的概念。从字面上来,"播"可以理解为播音语言,再准确点应该是播音的有声语言,"讲"可以理解为讲述、说话,也可以理解为用"讲述的状态"去表达和传递信息。播音的有声语言是一种经过专业训练、有很强感染力、清晰悦耳的艺术化

---

① 张颂.中国播音学:第 2 版[M].北京:北京广播学院出版社,2003:390.

语言，具有规范性、庄重性、鼓动性、时代感、分寸感和亲切感的特点。"讲"的两层含义可以以播讲最常见的组词方式"小说播讲"或者"播讲小说"为基础来分析。小说播讲是取播讲的名词含义，播讲小说是强调播讲的动词含义。但不管是哪种组合方式，都证明播讲需要有文稿，而且要遵循文稿，因而"讲"字取的就是第二种含义——用讲述式，即口语化的有声语言表达来传递文本所限定的信息和情感。这样一来，播讲就可以理解为用经过专业训练、有很强感染力、清晰悦耳的艺术化语言将文本的书面语言转化为有声语言的再创作过程。因此，播讲属于朗读的范畴，更加强调对使用的有声语言的专业化追求。

播讲的第二个特点是在实践应用的领域上，主要集中在广播和音频传播平台上，这也说明播讲对于声音元素的格外关注。

播讲的第三个特点很有意思，它有时会扮演一种行为过程，或者说是一种艺术创作过程的代名词，与其本义无关，更像是替班行为。比如评书，我们都知道它是一种语言艺术形式，但评书这个词却缺少动词词性，于是在描述评书的创作过程时，就必须另外找一个词来使用。这时，播讲就被请来"替班"了。喜欢听评书的人耳熟能详的"由袁阔成为您播讲的长篇评书《三国演义》今天就播送到这里""明天同一时间，欢迎继续收听由袁阔成播讲的长篇评书《三国演义》"就是很好的证明。

说到评书，很多人觉得评书和小说播讲很相似，甚至有人认为就是一回事，其实不然，评书是一种从宋代开始流行的口头讲说的表演形式，又称说书、讲书，粤语等地区俗称讲古，古代称为说话。北方评书是从唱曲发展演变而来的，在相当长的岁月里，评书艺人们的师徒传承完全是靠口口相传，没有文本。现代评书虽然有文本，但只是起个提示作用，并不严格按照文本来讲述。因此，播讲属于朗读范畴，而评书不是。

(八)演讲

演讲又叫讲演或演说,是指在公众场所,以有声语言为主要手段,以体态语言为辅助手段,针对某个具体问题,鲜明、完整地发表自己的见解和主张,阐明事理或抒发情感,进行宣传鼓动的一种语言交际活动,"其特点是主题鲜明,表达的场合比较庄重,内容是书面语和口语的结合,讲究条理和逻辑,追求有度的艺术表现,强调流畅和渲染"。① 演讲强调的是随时调整、机动灵活的口语表达样态,虽然演讲的内容是书面语和口语相结合,但在实施层面上演讲讲究的还是"脱稿为之"。演讲的目的是通过鼓动式的话语模式,最终达到认同、统一、共鸣的效果。对于演讲的实践部分来说,目的决定过程。演讲者要根据事先对演讲目的的预判来进行准备,但一旦演讲行为开始实施,就要根据现场的反馈信息来及时作出适当的调整,包括有声语言的,也包括副语言的,有时甚至还要将自己事先设计好的演讲策略和内容进行颠覆式的变动,因此演讲更加看重和依赖技巧性,要"以讲话的逻辑力量征服听众……可以简单地称之为论辩的技巧。它源于生活中的对话,而不强调对文字脚本的依存"。② 这就很好地说明演讲并不属于朗读的范畴,它只是和朗读一起共用有声语言表达中的某些技巧和行为特征而已。

至于演讲过程中的照着稿子演讲或者背诵式演讲,都是运用朗读的方式和技巧进行演讲的入门训练,不是真正意义上演讲的表现形式。这同时也说明演讲和朗读虽然不同但有着密切的联系,朗读能力的培养和形成是演讲水平提升的基础。

现在,我们对后四个近现代出现的描述有声阅读的词语进行一下小结:

---

① 黎陆昕.简论演讲对青年成长特质的促进作用[J].中国青年政治学院学报,2011(6):20-24.
② 张颂.朗读学[M].北京:北京广播学院出版社,1999:13.

（1）只有宣读、播读和播讲属于朗读范畴，演讲不属于。

（2）宣读、播读和播讲都对有声语言创作本身提出了更高的要求，这三者和朗诵一起都可以视为播音主持艺术的组成部分。

（3）播讲不光可以作为一种有声阅读的方法，在有声语言艺术领域中，它同相声、评书、曲艺一样，可以独立成为一种职业类型，具有职业化转化空间，可作为职业培训的一个项目。

前四个朗读类别中，朗诵也具有相同的特点。

综上，朗读按照行为模式和表现形式共分为 7 个类别，分别是一般性朗读、诵读、吟诵、朗诵、宣读、播读和播讲。

第二节　朗读评价的含义和标准

一、朗读的总体评价标准包含的特征元素

囿于目前研究领域和实践领域对于朗读的含义存在着概念混淆、认知无序的情况，朗读的评价标准呈现散乱的特征。而评价标准的不健全、不科学又在某种程度上导致了各种朗读表现形式的滥用和误用。因此，尽快建立和完善科学、系统的朗读评价体系，将为朗读体系的研究、朗读活动的开展、朗读教育的实施、朗读行为社会化和普及化等相关工作提供科学的保障和积极的推动作用。

根据对朗读含义本源的梳理和对朗读不同表现形式的分类总结可以得知，朗读的评价体系也应该在一个总体评价框架下进行细分，以便更好地体现不同朗读形式的独有特征，适应不同体裁文本的朗读需要。

设计朗读的总体评价系统，应依据朗读的总体定义来进行。根据朗读的总体定义描述，朗读的总体评价标准应具有以下特征：

（一）朗读首先是一种语言形式的单向转化过程

这一特征包括两层含义。一方面，语言形式的转化过程对于朗读而言是指从文本语言向有声语言的转化过程，也就是以书面语言为依据，加入声音元素的过程。另一方面，这个转化过程是单向发生的，具有不可逆转性。这也是朗读这种有声语言艺术形式和其他有声语言艺术形式有所不同的地方。比如相声，也是一种大众喜闻乐见的有声语言艺术形式。相声最早是一种民间说唱艺术形式，早期的师徒传承是由口口相传的形式来完成的，几乎没有可以依赖的文本。在其发展过程中，随着相声从业人员受教育水平的不断提高，相声才开始有了文本依托，但是一些相声老段子还是依靠口口相传的形式流传。正因为如此，一些传统的相声段子已经失传了。但相声的表演过程并不严格按照文本进行，优秀的相声演员会在表演过程中不断地对文本内容进行删减，并且依据呈现效果的好坏，再回过头对相声文本进行修改。因此，一个相声作品需要相声演员反复地演练、修改、再演练、再修改，往复循环很多次才有可能被打磨成相声名段。在相声界，不同的相声演员说同一个相声段子，可以有不同的说法，也会产生不同的"笑"果；即便是同一位相声演员说同一个段子，每次说的也不尽相同。这说明相声这种有声语言艺术形式虽然也存在文本语言和有声语言之间的转化，但这个过程是双向的，是可以相互转换的。而朗读不是如此，无论是不同的人朗读同一篇文本，还是同一个人在不同的场合、时间朗读同一篇文本，都必须尊重原文和作者的原意，既不可以在朗读过程中对文本任意进行改动，也不能在朗读之后，根据朗读效果去修改文本。这一点我们在下文中还将具体论述。

(二)朗读的过程伴随着朗读者主观的能动作用,是一个再创作的过程

此特征也包含两个方面。一方面,文本本身已经经历了文本作者的第一次,或者是第 N 次的创作过程,因而朗读者在书面语言中加入声音的元素,就必然属于再创作的过程;另一方面,加入的声音元素的大小、高低、快慢、强弱、明暗等特性均由朗读者依据对文本的理解和内心的感受,甚至包括自身的生理条件等因素来决定,朗读的过程也必然伴随着朗读者的主观能动作用。

(三)朗读的过程最终呈现出一定的艺术特性

朗读本身就属于有声语言艺术形式的一种,因此,艺术特性是其本质属性。朗读的过程必须遵循有声语言艺术创作的原则和规律,在运用情景再现、对象感和内在语等有声语言艺术创作的内部技巧来深入地理解感受稿件,充分地调动思想感情的基础上,结合对停连、重音、语气和节奏等外部技巧和声音、气息的娴熟运用,最终将文本语言转化为艺术的、具有美感的有声语言,呈现在听者面前。除此之外,朗诵作为现代朗读重要的和极具特点的表现形式之一,在创作过程中还会加入音乐、灯光、服装、化妆、音效、画面等辅助元素,这些也都属于艺术特性的范畴。

(四)朗读的过程以不违背文本的原貌为原则

这一特性和第一点特性有部分重叠的地方。朗读的创作过程必须严格遵照文本语言本身,不但不能为了方便朗读的创作过程而对文本任意进行改动,而且也不能违背文字本体的读音、组合顺序和文本传递的主要意思,甚至包括文字背后的含义。有人可能会质疑,写完的文字通过读一读的方式去改,不是一种很好的方法吗?这不就违背

了朗读是单向转化过程的论断了吗？是的，这的确是一种修改文章很有效的方式，但是这种行为并不具备现代朗读所应该具有的所有特征，因此严格意义上来讲，并不属于本书研究的朗读范畴。

朗读不但不能改动文本的文字、顺序等具象元素，也不能更改文本所营造的意蕴、情感等抽象元素。语言是书面语言和有声语言结合起来的总称，语言本身具有形式美，王力先生将语言的形式美描述为"整齐的美、抑扬的美、回环的美"，他认为"语言的形式美也可以说是语言的音乐美"，"音乐和语言都是靠声音来表现的，声音和谐了就美，不和谐就不美"。① 这也告诉我们，声音元素的加入要符合文本所营造的意蕴和情感的要求，否则就是不和谐，就会破坏朗读最终呈现的语言美。

这里需要特别指出的是，当文本本身的物理停顿，也就是原有的标点符号标注的停顿节奏影响到声音元素对文本意蕴和情感的还原和塑造时，对意蕴和情感的追求应该放在第一位。王力先生认为："诗的语言形式美始终应该服从于诗的意境。"② 当然，不仅仅是诗的朗读，所有的文学体裁朗读都应该遵循这一原则，这也是有声语言艺术创作外部技巧的原则之一。

二、朗读的总体评价标准

中国传媒大学播音主持艺术学院是国内有声语言艺术研究和实践的最高学府，由其创办的年度朗读活动——"齐越朗诵艺术节"（以下简称"齐越节"）至 2017 年已经举办了 19 届，是国内朗读活动中的知名品牌。2004 年，该活动已发展成全国大学生朗诵大赛，成为全国大学生相互学习、交流、展示和切磋朗读实践的平台。随着主办方对

---

① 王力.王力文集：第 19 卷：略论语言的形式美[M].济南：山东教育出版社，1990：305.
② 王力.王力文集：第 19 卷：略论语言的形式美[M].济南：山东教育出版社，1990：327.

该活动内涵的不断丰富,"齐越节"逐步发展成为涵盖大赛、讲座、研讨会、公益演出等多项内容的现代朗读盛会,对中国语言文化事业的发展产生了积极的推动作用。2013年,该活动正式更名为"齐越朗诵艺术节暨全国大学生朗诵大会",由教育部语言文字应用管理司和中国传媒大学联合主办,中国传媒大学播音主持艺术学院承办,正式成为国家级活动。该活动也被公认为代表了国内青少年朗读方面的最高水平。因此,该活动的评价标准具有极强的参考和借鉴价值。

朗读的表现形式类型并不是一成不变的,随着社会需求和文本体裁的变化,朗读的表现形式也在发生变化,不断有新的形式出现,也会有不相适应的形式被淘汰。同样,作用于朗读实践的评价标准也具有动态的发展过程。"齐越节"最早的评价标准是这样的(见图2-3):

```
1. 内容健康,积极向上 —————————————— 10%
2. 理解稿件准确、细致 —————————————— 30%
3. 语言流畅,吐字清晰,感情充沛,表达准确 ——— 40%
4. 台风大方、庄重 ——————————————— 20%
```

图 2-3　首届"齐越节"赛事环节评分标准

从这份评价标准可以看出当时的要求还是比较宽泛的,评判标准不够细化,分值分配上体现了对文本内容的选择要求不高。标准2和标准3的评判标准界限模糊,对评判者主观因素依赖性过大,可操作性不强。

在最新的"齐越节"评分标准中,加强了对文本内容选择的重视程度,调整了评分项目,细化了评判依据,并且还增加了注意事项(见图2-4)。这份评价标准更加科学和具体,可操作性大大提升。

第十八届齐越朗诵艺术节
暨全国大学生朗诵大会 全国终选
评分细则

一． 评分标准

(一) 主题立意——（积极向上，符合当代大学生应有的思想和情怀）2 分
(二) 感受表达——（感受深入，表达准确，具有创造性和现场感染力）5 分
　　　语音面貌　　　1 分
　　　作品理解感受　 2 分
　　　语言表达能力　 2 分
(三) 舞台效果——（符合作品主题和内容，对作品起到积极的辅助作用）3 分
　　　着装、形体　　 2 分
　　　音视频配合　　 1 分

二． 注意事项

(一) 作品时限为 7 分钟。计时以第一声人声（包括音频、视频中的人声）开始计算，以最后人声（包括音频、视频中的人声）结束时间为止，超时每 30 秒扣 0.5 分（不足 30 秒按 30 秒计算），每个作品都将会完整呈现；

(二) 打分采用满分 10 分制，起评分为 7 分，评委评分保留小数点后两位，去掉一个最高分，去掉一个最低分，最后得分取剩余评委分数的平均分，并保留小数点后三位；

(三) 评委将现场打分，在终选所有 24 部作品呈现结束后，评委将进行合议，根据作品分数，以及选手的现场表现进行综合评议，决出最终奖项归属；

(四) 本届大会从复选的 100 部作品中评选出 30 部作品进入终选，奖项设齐越奖（1 个）、一等奖（2 个）、二等奖（8 个）、三等奖（20 个）、最佳舞台风貌奖、最佳作品选材奖和最受大学生喜爱奖；齐越奖将会从一等奖中，由专家评委投票产生。如出现票数相同的情况，由终选评委组商议投票，最终确定奖项归属；

(五) 在作品呈现过程中，因工作人员失误、设备因素导致的音频、视频播放的错误，该作品将重新开始，并重新计时；

(六) 辅助方式可以采用音频、视频、道具等，由选手自行准备；

(七) 本次大会评分细则最终解释权归本届大会的主办方及承办方所有。

中国传媒大学
播音主持艺术学院

图 2-4　第十五届"齐越节"赛事评价标准

　　由于是朗诵比赛，因此该标准充分考虑到了朗诵作为一种特殊的朗读形式所具有的表演特性，增加和细化了对于包括服装、化妆、形体、音响、视频等元素在内的舞台综合效果的考核。随着科技的发展，朗诵者拥有了更多的效果元素和实施便利来充实自己的整体表现效果，因此该标准增加相关的考核点也体现了其具有的时代感。

该标准最重要的变化是对感受表达的考核。感受表达作为有声语言艺术创作的主体部分,是评价的主要元素。该标准将对于此元素的考核细化为语音面貌、作品理解感受和语言表达能力三个分项,这很好地体现了使用标准的普通话,娴熟地运用有声语言艺术创作手段中的内外部技巧,是符合有声语言艺术创作原则和规律的,也是符合现代朗读的基本要求的。

该标准的另外一个改进之处就是增加了详尽的相关注意事项的描述,使评价过程更加公正、透明,也使可操作性大大增强,同时相对降低了对评价者的主观依赖。

需要说明的是,有声语言艺术创作评价不可避免地具有一定的主观性。例如,人们对声音的喜好见仁见智,包括对于文本内容的喜好、舞台效果的喜好等,都无法实现绝对的客观。因此,朗读评价实施的效果也部分基于对评价者的选择。

由于这份评价标准是针对朗诵赛事的,评价项目中兼顾了朗诵的表演特性,在现代朗读所有的表现形式中,不具有评价的普遍意义,因此在设计现代朗读的总体评价标准时可不考虑关于舞台效果的评价元素。

综上所述,现代朗读的总体评价标准可以分为三个部分,分别是:

(1)语音面貌(普通话水平);

(2)对作品的理解和感受;

(3)语言表达能力。

这三个部分的分值比例关系可以按照 1∶2∶2 的结构来设定。对于应用于不同的朗读形式、不同的朗读人群、不同的朗读场合与不同的朗读者年龄、职业、性别等具体实施层面时,可以在总体评价标准的基础上增加所需要的考核元素,例如,对性别的考虑、对年龄的考虑、对不同职业群体的考虑、对不同性质的朗读活动的考虑……综合构成具有针对性的细化标准,但总体标准中的三项考核元素不宜被删减,并且应该始终作为被考核的主体项目。

第三章 朗读的教育功能

第一节 朗读的功能

张颂教授认为:"朗读,以其公有性基础学科的特点为全社会广泛应用。在应用中,人类会逐步认识它的功能。人类要掌握知识才可以进步,共产主义也只有接受人类的广博知识财富才不会成为一句空话,而朗读,正是学习知识、掌握知识的一条重要途径。人类用语言交往,在交往中组织社会,改造自然,而朗读,就在这交往中,成为宣传教育、陶冶感染人类的一个重要手段。从个人来说,朗读不但是学习语言、驾驭语言、运用语言的重要方法,而且是了解作者、丰富自己、吸引听者的有力纽带。朗读的功能,不论其广度和深度,都不亚于文字作品本身。当然,这与朗读作用的充分发挥有关,也同朗读者和听者的文化素养、语言造诣有关。"[1]

按照功能的定义描述,朗读的功能可以理解为朗读的作用。"有深入体味文字作品、提高语言表达能力、发挥语言感染力、高尚的精神

---

[1] 张颂.朗读学[M].北京:北京广播学院出版社,1999:17.

享受、达到语言规范化等几大功能。其中,高尚的精神享受是双向的功能,既能悦人又能悦己,朗读者自身和听者都可以获得心理和情感上的愉悦感受。"[1]当然,这段文字虽然仅仅是从朗读功能的显性属性和直接属性层面做出的表述,但是已经体现出朗读在教育实践领域中的重要作用。

朗读作为有声语言表达和语言艺术表现形式,是能动的创造性的实践活动。与其他社会实践形式一样,朗读活动也是一种对象化的主体与客体相互作用、相互转化的过程。朗读的功能,正是通过这种实践的辩证运动显现和实现的。从朗读现象发生和嬗变的历史可以清楚地看到,朗读这种语言行为和实践形式,是适应人际沟通和社会交往的需求而产生和发展的。它的出现和应用,对社会个体和社会结构的子系统都存在着直接或间接的多方面的十分明显的影响作用,显示出朗读活动特有的社会交际、教育、娱乐、文化传播等方面的功能。其中,教育功能是朗读最显著的本质性的功能。朗读的教育功能,是由朗读活动所具有的教育特性和能力所决定的。如前所述,阅读行为出现在人类历史中的本质原因是满足人类学习、理解、吸收、掌握祖先不断创造和发展文明过程中记录下来的经验和知识的需要,而这种需要就是教育的主体含义。因此,阅读是作为一种教育工具诞生的,是用来进一步认识世界和发展文明的工具。《中国大百科全书》(第二版)中解释"阅读"为"从文字、符号、公式、图标等书面材料中获取信息的过程。人的知识,特别是间接知识,大部分都是通过阅读得到的,因此,阅读能力是一个人文化水平的重要标志",[2]这也准确地揭示了阅读的第一属性是教育性。阅读是一切学习活动的基础,是搜集处理信息、认识世界、发展思维和获得审美体验的重要途径,阅读可以获取知

---

[1] 张颂.朗读学[M].北京:北京广播学院出版社,1999:36-45.
[2] 《中国大百科全书》总编委会.中国大百科全书:第2版:第27卷[M].北京:中国大百科全书出版社,2009:412.

识、涵泳性情、修持道德,是传承优秀传统文化的必由之路。阅读的两种形态中,有声阅读相较于默读来讲是更能体味文本精髓的阅读方式,是读书学习过程中非常重要的一个环节。

曾国藩被称作清代"中兴第一臣",其一生毁誉参半,但其家训却在长达一个多世纪里被世人传诵,这无外乎两个原因:第一,曾氏子孙各个成才;第二,他的家训有极高的借鉴价值,说得在理、说得得法、说得通透。曾国藩家训中有大量对于读书法的描述,他在咸丰八年(1858年)七月二十一日给大儿子曾纪泽的信中写道:"读书之法,看、读、写、作,四者每日不可缺一。看者,如尔去年看《史记》《汉书》《韩文》《近思录》,今年看《周易折中》之类是也。读者,如《四书》、《诗》、《书》、《易经》、《左传》诸经、《昭明文选》。李、杜、韩、苏之诗,韩、欧、曾、王之文,非高声朗诵则不能得其雄伟之概,非密咏恬吟则不能探其深远之韵",[①]"尔欲作五古、七古,须熟读五古、七古各数十篇。先之以高声朗诵,以昌其气;继之以密咏恬吟,以玩其味。二者并进,使古人之声调拂拂然若与我之喉舌相习,则下笔为诗时,必有句调凑赴腕下",[②]极好地概括了有声阅读在读书学习过程的重要作用。

既然朗读是现代有声阅读行为的代名词,自然也就继承了阅读的第一属性——教育性,而教育功能也就成了朗读功能中的本体功能。教育功能可以看作是存在于朗读基因中的功能,是先天就具有的,流淌在朗读的血液里,也浸透在朗读的每一个细胞里。其实在前文我们对中国古代与有声阅读相关联的字词的本源梳理中,就已经能够明显地感觉到,有声阅读行为自诞生之日起,从头到脚,每一个毛孔都渗透着教育的元素。为了更清晰、更具体地认识朗读的教育功能,本书将

---

① 曾国藩.曾国藩家训:谕纪泽:读书当勤勉,做人须忠恕[M].王澧华,向志柱,注释.长沙:岳麓书社,1999:3.
② 曾国藩.曾国藩家训:谕纪泽:尔当雪父生平三耻[M].王澧华,向志柱,注释.长沙:岳麓书社,1999:8.

第三章 朗读的教育功能

在后面一节里详细列举和梳理中国古籍中对于朗读教育功能的描述以及古代文人学者对于这一功能的论证和解读,以期能使大家对朗读教育功能的分类、内涵演变、作用方式和呈现效果有一个全面、准确的理解。

总之,无论是从朗读的本源和特性来看,还是从朗读实践的历史过程来看,教育功能无疑都是朗读本身固有的、首要的本体性功能,在朗读功能体系中居于核心地位。当然,也应该看到,朗读是一个含义广泛的基本范畴,朗读的类型及功能的分类是相对的。如同诵读和吟诵有腔调共性,宣读和播读有实施技巧和呈现效果的共性一样,在朗读实践中,朗读功能的表现形态也是多种多样,是你中有我、我中有你的,是相互包含、交互作用、互为因果的。因此,给朗读的功能进行全面的分类是很困难的。

我们先尝试从朗读活动的特点、形式、内容和应用范围着手,尽可能多地描述它的作用:

(1)朗读是一种学习途径和手段。

(2)朗读是一种教学法。

(3)朗读可以帮助我们更好、更深刻地理解文本,有助于提高文学修养和书写能力。

(4)朗读可以帮助提升全民族语言文字修养和口语表达能力。

(5)朗读是规范语言文字,推广普通话,即国家通用语的重要途径。

(6)朗读是一种艺术教育的手段,有助于提升审美素养,涵泳性情、训练心性、陶冶情操,树立对精神世界的追求。

(7)朗读有利于加强国民对母语的感情,推进对中华优秀传统文化的认同、传承,并通过朗读的可听性进行对内、对外传播。

(8)朗读可以丰富群众性文化活动,是开展教育活动的有效形式。

(9)朗读既可以愉悦自己,也可以愉悦他人。

(10)朗读具有情感传播的功能,可以传递情感、引发共鸣,在情感层面上与人交流,寻求一致。

(11)朗读是有声语言工作者,包括播音员、主持人、教师、律师、新闻发言人等群体提高业务能力的重要途径和方法。

(12)朗读是一种健身方法。健康学家认为,朗读的过程犹如歌唱,可增强肺功能;朗读可作为社交手段之一,对心理健康有益处;朗读可帮助人们增加精神愉悦,特别是帮助于老年人回忆美好时光;朗读还是一种"思维体操",有助于帮助老年人减缓记忆衰退,甚至预防阿尔茨海默症的发生。

我们再按照不同的目的、价值取向、手段、呈现效果、社会需求等角度,将这 12 种作用描述进行融合、交叉、组合与归类,最终归纳、提炼出教育具有以下五大功能:

一是教育功能。教育功能是朗读天然具有的功能,可视为朗读的本质功能或主体功能。

二是文化功能。文化功能属于朗读的人类学和社会学功能,其包含的元素与教育功能、传播功能有交叉。

三是娱乐功能。既包含娱己功能,也包含娱人功能;既可作用于个体,也可作用于群体。与教育功能有交叉。

四是宣传功能。属于朗读的传播学和政治经济学功能。在我国,"宣传一词是中性的,没有褒贬色彩在其中。但在西方可就不一样了,宣传(propaganda)一词常与流言联系在一起,含有贬义",[①]因此,宣传功能是朗读在我国独有的功能特点,具有鲜明的中国特色。此功能也与教育功能有交叉之处。

五是传播功能。属于朗读的传播学和社会学功能,同时具备新闻学和播音学的特征。

---

① 史振伟,高熤.实用新闻宣传学[M].北京:中国传媒大学出版社,2011:247.

第三章　朗读的教育功能

　　尽管眼下对于朗读功能类别的厘清还不完善,但教育功能在朗读的诸项功能里占据首要位置是毋庸置疑的。因此,首先从朗读的教育功能研究入手,把教育功能作为朗读功能学研究的首要对象和基本范畴,重视和强调朗读教育功能的主体地位,将为我们认识和把握现代朗读的功能体系,深刻揭示朗读功能的实践价值,为朗读功能学研究提供清晰的思路和逻辑支撑,同时具有重要的学术意义。

第二节　朗读的教育功能

一、朗读教育功能的含义

　　朗读的教育功能,是指朗读本身固有的教育特性和能力,即在朗读实践中,通过将文字语言转化为有声语言的能动性、创造性活动,把文本客体以物质形式承载的知识、信息、技能以及思想、感情等精神内容,凝聚、积淀和转化为朗读主体本质力量的构成因素,从而呈现出积累学养、培养人格、发展心智和传承文化的社会效果。

二、古代典籍中对朗读教育功能的描述

　　有声阅读,即朗读,从人类文明起始发展到现在,历经了几千年,始终和人类的生存发展紧密相依。在中华文明浩如烟海的记录里,智慧的古代文人学者针对朗读的教育功能留下了无比丰富的描述和论证,这些文字记载如同一个个导航仪,帮助现代人找准文明发展的方向;又像是一支支火把,在科学研究的道路上,照亮一个又一个黑暗模糊的学术空间。将中国古代典籍中关于朗读教育功能的文字进行认真细致的梳理,有助于我们更好地认识和理解朗读的教育功能,更清晰地知道它的历史演变脉络，更深入透彻地研究朗读的教育功能在当代具体的呈现特征、存在的问题和发展的瓶颈，从而为朗读持续健康蓬勃的发展找出切实可行的理论依据、实施策略和具体方法。

为了在尊重事实的基础上更科学严谨地研究问题，准确地引用和还原古人的观点很重要。在本节中引用描述、论述、观点和方法严格按照古籍原文进行，其中可能会涉及多个描述有声阅读的词语，如诵读、吟诵等，但除非有特殊说明，否则在理解层面上均视为朗读的范畴。

(一) 六大层次

古代典籍中对朗读教育功能的描述可依据作用效果分为以下六个层次：

1. 层次一：启诵为首，得祛童蒙

南朝梁元帝在《玄览赋》中写道："惟天纵于副后，踰启诵而为首。"[①]宋代司马光在《谢始平公以近诗一卷赐示》诗中写道："言诗何敢望商赐，幸得诵咏祛童蒙。"[②]将"踰启诵而为首"和"幸得诵咏祛童蒙"两句话的主体意思组合起来就是"启诵为首，得祛童蒙"，意思是：把朗读的方法作为给幼童进行开蒙教育的首选教育方式，可以很好地消除他们的幼稚愚昧。梁元帝的话原本是对太子说的，话语赤裸裸地流露出极度强势的皇权意识。但如果我们把"副后"改作"童子"或"少年"，那么这话对普天下的孩子来说就有了积极的意义。而司马光则以自我调侃的诗句诙谐地说出了这个深刻的道理：朗读在幼童的早期启蒙教育中的地位是非常重要的。其实不光在中国古代，在西方现代的教

---

① 欧阳询.艺文类聚：卷第二十六：人部十：言志：赋：玄览赋[M].上海：上海古籍出版社，1982:474.

② 傅璇琮，等.全宋诗：第九册：卷五○○：司马光三：谢始平公以近诗一卷赐示[M].北京：北京大学出版社，1992:6048-6049.

育理念中,也提倡用朗读的方式作为幼儿启蒙教育的优选方案。前文我们提到过,美国通过政府行为,将朗读提升到国家层面的战略意义上,在《成为阅读大国》(Becoming a Nation of Readers)的报告中,多次强调对孩子来说"朗读是逐步建立知识体系的唯一且最重要的活动"[1]这一理念。因此,笔者认为,以"启诵为首,得祛童蒙"来统领古人对朗读教育功能相关描述的第一层含义,并将之作为六层含义之首是有必要的。

自古以来,无数幼童的成长经历都已证明,朗读儿歌、童谣以及诵读诗歌等,在早期语言启蒙乃至早期智力开发等方面确实处于优先地位。而且,对于幼童启蒙来说,还没有健全言语功能的幼儿听别人朗读,尤其是父母的朗读,效果非常显著。这一点,本书将在后面章节进行专门论述。毫无疑问,朗读教育对于幼儿早期启蒙的重要作用已经被古今中外无数实践证实。梁元帝一句霸气的赋,司马光一句谦德[2]的诗,二者风格迥异,却都蕴含着隽永的哲理。《尚书·舜典》载:"诗言志,歌永言。"汉代孔安国:"谓诗言志以导之,歌咏其义以长其言。"[3]此言不虚也。

在朗读学习和教育的第一层次中,"诵咏祛童蒙"是儿童早期教育的重要组成部分,是儿童早期教育的核心任务之一。《周易·蒙》揭示:"蒙以养正,圣功也。"唐代孔颖达解释为:"能以蒙昧隐默,自养正道,乃成至圣之功。"[4]《周易》语言精练,含义深奥,是数千年来最难解读的中国古代思想文化典籍,因此对《周易》的解读历来是仁者见仁,智者见智。教育及文化界一般认为"蒙以养正"的含义是:从童年开

---

[1] Alvermann, Donna E. Becoming a nation of readers: The report of the commission on reading[R]. Washington D.C., the national Academy of Education, the National Institute of Education, the Center for the Study of Reading, 1985:23.
[2] 谦德:谦虚、俭约之德。
[3] 孔安国.尚书正义:卷第三:舜典第二[M].孔颖达,疏.北京:北京大学出版社,2000:95.
[4] 王弼,注.孔颖达,疏.周易正义:周易兼义上经乾传卷第一:蒙卦第四[M].北京:北京大学出版社,2000:46.

始,就要施以正确的教育。虽然俗话说"言传不如身教",但其实古人主要是在父兄行为出现不端时,才把这句话拿来作为告诫之语的,没有必要过分解读,更不应该出现误读。因而即使父兄自己品行端正,令仪令范,如果不重视对子弟施以正确的早期教育,也是要出问题的。

2. 层次二:常存童心,乐习不倦

明代思想家、教育家王阳明对早期启蒙教育的宗旨和方法都有深入的研究,并且特别重视传授和端正启蒙教育者的教育思想和教学方法。因为在早期启蒙教育阶段,受什么样的教育和怎样受教育的主导权在教育者,而不在受教育者。王阳明在《阳明传习录·传习录中·教约》中指导说:"每日工夫,先考德,次背书诵书,次习礼,或作课仿,次复诵书讲书,次歌《诗》。凡习礼歌《诗》之数,皆所以常存童子之心,使其乐习不倦,而无暇及于邪僻。教者如此,则知所施矣。虽然,此其大略也;神而明之,则存乎其人。"①在这里,他提出了早期启蒙教育的一个重要原则,此原则也是成功的早期启蒙教育的一个重要特征:首先要让孩子有兴趣,并且能够长期保持这种兴趣,然后再加以长期不断的朗读实践,才能达到目的。佛家也有类似的教育思想:《三藏法数·六法令他欢喜(出根本说一切有部毘奈耶杂事)》说:"他不闻者,令他得闻,复读诵经典,昼夜精勤,令他欢喜。是名语业行慈。"②这段话表述了语言启蒙教育者对学生的职责就是:他不知道的,你要让他知道,然后在"读诵"经典的过程中,你还要让他得到快乐。

早期启蒙教育必须适应少儿的特点,顺导"童子之情"。王阳明在《训蒙大意示教读刘伯颂等》中还进一步指出了这种教育思想和方法的目的及意义:"顺导其志意,调理其性情,潜消其鄙吝,默化其粗顽,日使之渐于礼义而不苦其难,入于中和而不知其故,是盖先王立教之

---

① 王守仁.王明阳全集:卷二:语录二:传习录中:教约[M].上海:上海古籍出版社,1992:89.
② 一如,等集注.三藏法数:六法令他欢喜[M].台北:台北市财团法人佛陀教育基金会,2005:281.

微意也。"①这句话清晰地表明乐习是有效手段,育人是最终目的,继承和发扬中华民族老祖先的立学立教宗旨是其重要意义。

　　教育得法的孩子是最幸福的,学子们的朗朗读书声是最动听的。"风声雨声读书声声声入耳;家事国事天下事事事关心。"这是在无锡惠山顾端文公祠"醇儒堂"内,明代顾宪成写的一副名联,它说出了所有关心国家安危兴亡、后代健康成长之人的心声。古代许多文化名人不仅非常欣赏童子的朗朗读书声,而且十分留恋自己童年的读书生活。例如,宋代的苏轼在《与米元章二十八首·二十一》中说:"儿子于何处得《宝月观赋》,琅然诵之,老夫卧听之未半,跃然而起。"②宋代诗人陆游在《江村》一诗中写道:"拈得一书还懒看,卧听孙子诵琅琅。"③清代孙枝蔚在《无酒·一》中描述说:"稚儿勤诵读,音节更琅琅。"④目睹这些文字,笔者心内激动不已,古人的学习条件与今相比相差甚远,尚能让这朗朗的读书声,从远古穿越到当代。这声音仿佛清晰地响彻在你我的耳畔。今人在掌握发达的科学技术,坐享现代技术带来的优质学习条件时,难道会让现代朗读输他不成?!

　　在"常存童心,乐习不倦"这一学习和教育的层次中,妨碍"乐习不倦"的原因除了教育者的教育思想和教学方法外,就是启蒙教育的教材。历代古人虽然做了许多努力,但困扰和分歧仍然存在。明代郎瑛在《七修类稿·卷二十六·辩证类八·千字文》中就曾严厉批评说:"至若闽中所刊童蒙之本所差尤多,固非养蒙之道。"⑤当代朗读的教材在国家《义务教育语文课程标准》中做了相应的设置安排,并推荐了一批可供背诵的优秀诗文和课外读物。但从社会总体情况来看,能反映

---

① 王守仁.王阳明全集:卷二:语录二:传习录中:训蒙大意示教读刘伯颂等[M].上海:上海古籍出版社,1992:88.
② 苏轼.苏轼文集:卷五十八:尺牍.孔繁礼,点校.北京:中华书局,1986:1781.
③ 陆游.陆游集:剑南诗稿:卷第八十五[M].北京:中华书局,1976:1957.
④ 孙枝蔚.溉堂集:溉堂前集:卷之二[M].上海:上海古籍出版社,1979:106.
⑤ 郎瑛.七修类稿:卷二十六:辩证类八:千字文.上海:上海书店出版社,2001:274.

当代社会政治、经济和文化发展的,适合朗读的青少年读物,还是比较稀缺的。

3. 层次三:习读既熟,自然成诵

历代古人都在不断地总结前人和自己朗读学习的经验,以提高其所处时代的朗读教育水平。北齐颜之推在《颜氏家训·勉学》中针对"童稚",即儿童的特点总结说:"人生小幼,精神专利,长成已后,思虑散逸,固须早教,勿失机也。"① 明代陆桴亭在《论小学》中进一步针对人的记性、悟性与年龄的关系总结说:"凡人有记性,有悟性。自十五以前,物欲未染,知识未开,多记性,少悟性。十五后,知识既开,物欲渐染,则多悟性,少记性。故凡所当读书,皆当自十五前,使之熟读。不但四书五经,即如天文、地理、史学、算学之类,皆有歌诀,皆须熟读。若年稍长,不惟不肯读,且不能读矣。"② 古人很早就聪慧地阐明了根据人的智力和身心发育特点,朗读教育要从小开始。

明代佛家典籍《三藏法数·五种法师(出法华文句)》针对熟读的作用总结说:"背文曰诵。谓习读既熟,不须对文,自然成诵。"③《三藏法数·阎浮提人三事胜余三洲(出长阿含经)》也总结说:"勇猛读诵,记闻广博,心不忘失。"④ 这些都说明了反复朗读的重要性。

在中国数千年的历史中,熟读成诵的少年儿童比比皆是,不胜枚举。清代王有光在《吴下谚联·一寸光阴一寸金》中的"自七八岁至二十岁,所读得之书,至老犹能记诵,此际光阴是赤金"⑤ 指的就是这种普

---

① 颜之推. 颜氏家训集解:卷第三:勉学第八[M]. 王利器,集解. 上海:上海古籍出版社,1980:166.
② 陈宏谋. 养正遗规译注:卷下:论小学[M]. 北京:中国华侨出版社,2012:150.
③ 一如,等集注. 三藏法数:无锡丁福保仲祜重校本[M]. 台北:台北市财团法人佛陀教育基金会. 2005:221.
④ 一如,等集注. 三藏法数:无锡丁福保仲祜重校本[M]. 台北:台北市财团法人佛陀教育基金会,2005:94.
⑤ 王有光. 吴下谚联:卷二:一寸光阴一寸金[M]. 北京:中华书局,1982:46.

遍性。

中国古代许多著名的文学家、教育家、史学家和思想家,都非常看重童年时期所接受的朗读教育对自己后来成就的重要影响,有人还不吝笔墨自忆于书,流传于世。例如:汉代司马迁在《史记·太史公自序》中自忆到:"迁生龙门,耕牧河山之阳。年十岁,则诵古文",后人唐代司马贞解释说:"迁及事伏生,是学诵《古文尚书》。刘氏以为《左传》《国语》《系本》等书。是亦名古文也。"①

在历代史书和其他典籍中,也都大量记载了从幼年开始接受朗读教育的经典案例。例如:《后汉书·卷六十二·列传第五十二·荀悦》载:"悦年十二,能说《春秋》。家贫无书,每之人闲,所见篇牍,一览多能诵记。性沉静,美姿容,尤好著述。"②南朝宋刘义庆《世说新语·文学第四》载:"魏志曰:'陈思王植字子建,文帝同母弟也。年十余岁诵诗论及辞赋数万言。善属文。'"③

解读古人的这些经典案例可以总结出两个特点:第一,历史上从幼年起就接受朗读教育的人很多,其成人后也显示出各自不同的风采;第二,可以用来进行朗读教育的文本非常丰富。把古人关于记性、悟性与年龄关系的理论加上无数自幼开始接受朗读教育的人的实践经验综合起来分析,可以得出这样一个结论:"诵读宜早",即朗读实践从小开始,是朗读学习和朗读教育的一条客观规律。

当代中国自1986年开始以《义务教育法》正式实施为标志,实行全国范围内的九年义务教育制度。2005年,教育部发布《中国全民教育国家报告》,此报告提出到2015年全国普遍实行免费义务教育。2012年,教育部在《国家教育事业发展第十二个五年规划》中,

---

① 司马迁,撰. 裴骃,集解. 司马贞,索隐. 张守节,正义. 史记:卷一百三十:太史公自序第七十[M]. 北京:中华书局,2000:2489.
② 范晔,撰. 李贤,等注. 后汉书:卷六十二:列传第五十二:荀悦. 北京:中华书局,2000:1391.
③ 刘义庆,著. 刘孝,标注. 余嘉锡,笺疏. 世说新语笺疏:上卷下:文学第四. 北京:中华书局,2007:289.

明确提出义务教育巩固率达到93%,农村义务教育阶段学校标准化率达到50%以上,基本实现远程教育班班通,达到县(市)域内义务教育初步均衡的目标。这些都为从小开始进行朗读教育提供了现实保障。

"诵读宜早"自古以来就没有争议,但是对于儿童早期朗读教育的文本内容、方式、目的和价值取向,却一直都存在着争议。近代尤以清末民初为甚,例如,清代龚自珍在《述思古子议》中言辞激烈地批判说:"童子但宜讽经,①安知说经?② 是为侮经。……至于说经,则老年教学之先生为之,成年有德者为之,髫卯③姑毋庸④。"⑤然而,即使还存在着内容如何选择、背诵如何适度等问题,也不影响"诵读宜早"这条客观规律发挥作用。其实,古人已经找到了一些解决这类问题的思路和办法,只是有些先生和学生领会与执行得不好或不够好罢了,详见后述。

4. 层次四:诵读精熟,渐悟其理

古人认为读书的目的是明理。要想把书读透,读得明白,就要反复地朗读、体味,有时还要有侧重地反复朗读,这样才能一步步地把书中的世界完全探索明白。古人对此多有论述,而且其中不乏逻辑缜密的精彩之作,现摘取唐代成玄英疏《庄子·大宗师》里的四条论述:

第一,"闻诸副墨之子",疏曰:"诸,之也。副,副贰也。墨,翰墨也。翰墨,文字也。理能生教,故谓文字为副贰也。夫鱼必因筌而得,理亦因教而明,故闻之翰墨,以明先因文字得解故也。"

第二,"副墨之子闻诸洛诵之孙",疏曰:"临本谓之副墨,背文谓之

---

① 讽经:诵读经书。
② 说经:讲解儒家的经书。
③ 髫卯(tiáo guàn):幼年。
④ 毋庸:无须,不要。
⑤ 龚自珍.龚自珍全集:第一辑:述思古子议[M].上海:上海人民出版社,1975:123-124.

洛诵。初既依文生解,所以执持披读;次则渐悟其理,是故罗洛诵之。且教从理生,故称为子;而诵因教起,名之曰孙也。"

第三,"洛诵之孙闻之瞻明",疏曰:"瞻,视也,亦至也。读诵精熟,功劳积久,渐见至理,灵府分明。"

第四,"瞻明闻之聂许",疏曰:"聂,登也,亦是附耳私语也。既诵之稍深,因教悟理,心生欢悦,私自许当,附耳窃私语也。既闻于道,未敢公行,亦是渐登胜妙玄情者也。"①

依照成玄英的解释,上述文字的大意是:理因教而明,明因文字得解;从坚持阅读而见文生意的初级层次,提升到反复朗读而渐悟其理的次级层次;直到朗读积累到一定程度,量变引起质变,才能渐见至理、内心分明;再继续朗读就有可能到达因教明理、心生欢悦的阶段。至此,尽管还没有达到闻道实行的层次,但已经迈上了胜妙玄情的台阶。

古人对诵读精熟、见理见义的实践以及它们之间相互关系的把握,具有广泛共识和丰富经验。宋代朱熹在《朱子语类·卷五十九·孟子九·告子上》中答疑说:"以此知观书不可苟,须熟读深思,道理自见。"②既然已经知道"诵读精熟,渐悟其理"如此重要,那这个过程是由读者自发自觉进行呢,还是在教者的指导下进行呢?来看看裴松之注《三国志》时引用的魏国的一个案例:"(董)遇性质讷而好学……采稆负贩,而常夹持经书,投间习读。其兄笑之而不改。……人有从学者,遇不肯教,而云:'必当先读百遍。'言'书读百遍而义自见'。从学者云:'苦渴无日。'遇言:'当以三余。'或问'三余'之意。遇言:'冬者岁之余,夜者日之余,阴雨者时之余也。'"③董遇的案例和"三余"的典故

---

① 郭象,注.成玄英,疏.南华真经注疏:内篇:卷第三:大宗师第六[M].北京:中华书局,1998:149-150.
② 朱熹.朱子全书:第十六册:朱子语类:卷五十九:孟子九:告子上[M].上海:上海古籍出版社.合肥:安徽教育出版社,2002:1900.
③ 陈寿,撰.裴松之,注.三国志:魏志:卷十三:王肃[M].北京:中华书局,2000:316.

为很多人所知,这位"质讷而好学"的董老师教给学生的学习方法,只是考虑到了"书读百遍"的形式,却忽略了读书过程中的讲解和理解,在实践中无法解决悟性有差异的学生如何达到"读书见义"的目的的问题。因此,单纯依赖教者个人的特殊经验,是很难给予读者普遍性指导的。

"路漫漫其修远兮,吾将上下而求索。"在不断总结经验和教训的基础上,数代朗读教育实践者经过求索和挖掘,终于总结出了一系列关于朗读学习和朗读教育的有效方法,其中不光包括朗读个体或群体实施的层面,还包括朗读"教"与"学"的层面。笔者运用现代思想方法对其进行分析发现,其中有若干个具有全局性、普遍性的重要"方法",是可以被称为"规律"的,而其余方法只是朗读教育实践者运用这些规律进行各类实际操作的具体途径和手段。

(1)规律一:"循序渐进"

《论语·宪问》载:"不怨天,不尤人,下学而上达,知我者其天乎?"宋代朱熹集注:"不得于天而不怨天,不合于人而不尤人,但知下学而自然上达。此但自言其反己自修,循序渐进耳。"①对此,朱熹在《答陈师德》的书信中给出了比较完整的表述:"抑读书之法,要当循序而有常,致一而不懈,从容乎句读文义之间,而体验乎操存践履之实,然后心静理明,渐见意味。不然,则虽广求博取,日诵五车,亦奚益于学哉?"②朱熹的读书法一直为历代文人所推崇,在这里,朱熹指出了读书一定要循序渐进,要按照一定的次序逐步深入或提高。

然而古人始终没有很好地解决朗读过程中的几道"选择题",即教材难易程度的选择问题、朗读粗精程度的选择问题和解读深浅程度的

---

① 朱熹.朱子全书:第六册:卷第七:宪问第十四[M].上海:上海古籍出版社.合肥:安徽教育出版社,2002:197.
② 朱熹.朱子全书:第二十二册:晦庵先生朱文公文集:卷第五十六:书知旧门人问答:答陈师德[M].上海:上海古籍出版社.合肥:安徽教育出版社,2002:2671.

选择问题,这三道题一直困扰着我们的先人。在汲取古人经验和教训的基础上,在吸收现代和当代文化创新成果的基础上,现代人找到了更具科学性和系统性的解决办法。我国教育主管部门在中小学各年级语文教育要求中,不但始终强调对听、说、读、写四个方面以及融会贯通的综合语言文字使用能力的培养,而且针对不同年级学生的心智特点,更是细化了要求和教学指导,这既符合"循序渐进"的学习和教学规律,又充分体现出科学化严谨与人性化关怀的高度统一。当然,在具体的操作实施层面,由于历史和现实的种种原因,还存在着各种问题和困惑,对此,本书将在后面章节专门论述。

(2)规律二:"熏陶渐进"

宋代欧阳修在《送梅圣俞归河阳序》中对"熏陶渐进"的规律在作品欣赏和情操陶冶方面的作用进行经典描述:"余尝与之倘佯于嵩洛之下,每得绝崖倒壑、深林古宇,则必相与吟哦其间,始而欢然以相得,终则畅然觉乎熏蒸浸渍之为益也。"[①]"熏蒸"的意思就是熏陶,即熏染陶冶,比喻因为经常与某些人物、事物或环境接触,而使人在思想、性格、品德、知识等方面受到好的影响。"渐渍"的意思是浸润,引申为渍染,感化。李大钊在《史学要论》中曾创新性地用"熏陶渐渍"[②]一词来替代"熏蒸渐渍",这样使词面更通俗了一些,笔者以为这是值得肯定的。

另外,在"熏陶渐渍"规律的长期运用中,古人还提炼总结出了两个重要的方法:"耳濡目染"法和"潜移默化"法。

"耳濡目染"法,就是耳常听、眼常见而在不知不觉中受到影响的一种方法,这里强调了声音和听觉感受的重要性。

---

① 欧阳修,撰. 李逸安,点校.欧阳修全集:卷六十六:居士外集卷十六:送梅圣俞归河阳序[M].北京:中华书局,2001:963.

② 中国李大钊研究会.李大钊全集:第4卷:史学要论(一九二四年五月)[M].北京:人民出版社,2006:443.

"潜移默化"法,就是受外界人物、事物或环境各种因素的影响,人的思想、品德、性格、习惯、知识、能力等,在无形中起变化。

"熏陶渐渍"的规律给了当代人一个十分重大的启示。在教育、传媒、宣传等领域,充分运用"熏陶渐渍"这一规律,开展各种朗读或与朗读相关的活动,采用各种有效的形式,创造社会良好氛围,可以使在校学生和社会全体成员都能在各种正能量的熏陶中,受到耳濡目染的影响和潜移默化的教育,不断得到提高,取得进步。其空间十分巨大,其前景无限长远。

(3)规律三:"积渐豁悟"

《管子校注·卷二十一·明法解六十七》在分析政治现象时提出了具有哲理性的概念:"积渐积微。"①如果说"循序渐进"和"熏陶渐渍"分别揭示了以循序方式和非循序方式,取得渐进式进步的学习和教育的普遍规律,那么"积渐豁悟"则揭示了在渐进式进步积累到一定程度时,多数人都可能发生某些方面、某种程度上的跃进式进步,这在一部分人身上表现得尤为突出。例如,有的人在某些事物的偶然触发下,或者是在学习和思考问题时,对以往理解深度不够,甚至是关注度较低的某个(些)其他问题或相关问题,突发地有了新的领悟,甚至达到了醒悟的层次。按照现代人的说法,这有点类似于举一反三、触类旁通之后的效果。古人把这种类型的领悟或觉醒称为"豁悟",并且认为"豁悟"是以长期的"积渐""积微""积小"和"积众流之长"等为基础和条件的。

5.层次五:口诵心惟,成德开智

在笔者总结的古人朗读理论的上一层次中,提到了古人强调书之所以要反复读,而且要反复地出声读,就是因为不断发声可以使人在不知不觉中更深层次地领会文本的意思以及文字背后的含义,而重复

---

① 黎翔凤.管子校注:卷二十一:明法解六十七[M].北京:中华书局,2004:1215.

的力量使之熟谙于心。其实古人认为这只是反复朗读带来的第一层级的效果,如果将其广泛应用于大量的读书活动当中,口中朗读,心中思考,长此以往,坚持不懈,最终可以达到朗读教育的终极效果——成就品德、开启智慧。来看明代学者、教育家王守仁(王阳明)的论述:

  王阳明在《传习录中·教约》说:"讽诵之际,务令专心一志,口诵心惟,字字句句绅绎反复,抑扬其音节,宽虚其心意。久则义礼①浃洽,聪明日开矣。"②这里主要论述了通过长期的口中朗读和心中思考,道德和礼法就能获得贯通,智慧就能得到开启。短短两句话,将朗读教育功能作用于实践个体的顶级成效表达得淋漓尽致。其明确提出了朗读教育的德育和智育双重高级功能,而这双重功能对于不同年龄阶段的学习者都是起作用的。通俗点说,"口诵心惟"就是口中朗读,心中思考,指的是朗读过程中的实际操作层面;"义礼浃洽,聪明日开"就是成就品德,开启智慧,指的是通过朗读教育,学习者身心上获得的预期结果。成就品德,简称"成德";开启智慧,简称"开智",因此,我们就借用王阳明的原文和观点,提炼组合成"口诵心惟,成德开智",以此来命名这一层次,是再合适不过了。

  有学者和教育家认为,在诗文作品学习中采用朗读的形式可以促进成就品德,而这种促进的作用主要是由诗文作品的内容决定的。也就是说,朗读不同内容的诗文作品,可以促进成就不同层次的品德;或者反过来说,人们喜欢朗读什么内容的诗文作品,也可以在一定程度上反映出他们目前所达到的品德层次的大致状况。例如,唐代韩愈在《进士策问》中说:"今将自州县始,请各诵所怀,聊以观诸生之志。"③韩

---

① 义:合宜的道德、行为或道理。礼:礼法;等级社会的典章制度,规定社会行为的规范、传统习惯。
② 王守仁.王阳明全集:卷二:语录二:传习录中:教约[M].上海:上海古籍出版社,1992:89.
③ 韩愈.韩昌黎文集校注:第2卷:杂著书启:进士策问,马其昶,校注[M].古籍出版社,1986:104-105.

愈的这一提议,就是试图通过人们朗读自选诗文作品来检测他们成就品德的状况。

也有学者和教育家认为,即使作品内容再好,单靠口中朗读、心中思考也是远远不够的。宋代朱熹在《答陈师德书》中说:"抑读书之法要,当循序而有常,致一而不懈,从容乎句读文义之间,而体验乎操存践履之实,然后心静理明,渐见意味。不然,则虽广求博取,日诵五车,亦奚益于学哉?"①这段话的大意是说,通过口诵心惟、循序渐进得来的理论知识,还必须在执持心志和实际践行的过程中亲身体验、用心体会,然后才能真正做到内心明净、道理明澈,逐渐品到意味。不然就算朗读的书再多,又有什么益处呢?说白了,就是不能"只读不练"。对此,王阳明的"知行合一"观点说得更深入一些。青少年在实际生活中,体现成就品德阶段性成果最经典的例子,就是孔融让梨;体现开启智慧阶段性成果最经典的例子,就是曹冲称象;综合体现成就品德和开启智慧阶段性成果的最经典例子,就是司马光砸缸。这些中华文化宝库中最经典的文化典故,象征着中华古代青少年的品德和智慧的水准。

上述古人朗读经典作品并通过实践的体验促进成就品德、开启智慧的论述,对当代人的朗读实践和理论研究都具有重要的启迪作用。从朗读的作品内容选择角度来说,要朗读体现中华文化精华的古代经典作品,更要朗读反映社会主义核心价值体系的当代优秀作品;既要朗读理论性的文本,也要朗读以实践过程和结论为主体的文本。从实践验证的角度来说,既要大力提倡在实践中验证通过朗读所汲取的理论养分,也要充分认识当代朗读研究的相关理论同样需要朗读实践的反复验证和完善。

---

① 朱熹.朱子全书:第二十三册:晦庵先生朱文公文集:卷第五十六:书知旧门人问答:答陈师德书[M].上海:上海古籍出版社.合肥:安徽教育出版社,2002:2671.

6. 层次六:贵在贯通,贵其能用

战国时期荀子在《劝学篇》中诲人不倦地劝导学人说:"君子知夫不全不粹之不足以为美也,故诵数以贯之,思索以通之,为其人以处之,除其害者以持养之。使目非是无欲见也,使口非是无欲言也,使心非是无欲虑也。……是故权利不能倾也,群众不能移也,天下不能荡也。生乎由是,死乎由是,夫是之谓德操。德操然后能定,能定然后能应。能定能应,夫是之谓成人。天见其明,地见其光,君子贵其全也。"①荀子从治学和培养人的高度,深刻而全面地阐明了"反复诵说以求贯穿其大义,深入思索以求通透其要旨"的意义和作用。汉代司马迁在《史记·太史公自序》中,也曾回忆过他的父亲司马谈对不能"贯之""通之"的学者的忧虑,以及其采取的对策:"愍学者之不达其意而师悖,乃论六家之要指。"②这些进一步说明了"诵数以贯之,思索以通之"的重要和珍贵。汉代王充在《论衡·超奇》中又进一步道破了"贵通"的内在及外延的含义:"凡贵通者,贵其能用之也。即徒诵读,读诗讽术③,虽千篇以上,鹦鹉能言之类也。"④该论述简明而透彻,生动而犀利。由此,依据上述双重含义,用"贵在贯通,贵其能用"来统领古人对朗读教育功能相关描述的第六层含义再准确不过了。

"贵在贯通,贵其能用"说明在朗读习惯的引领和朗读行为的常态化促成方面,言教是必要的,但言教不如身教,其中包括做示范和树榜样。言教的作用是,给人以启迪;示范的作用是,给人以信心;榜样的作用是,给人以力量。汉代王充自身就是一个"贵其能用"的"贵通者"。《后汉书·卷四十九·列传第三十九·王充》载:"充少孤,乡里

---

① 王先谦.荀子集解:卷第一:劝学篇第一[M].北京:中华书局,1988:18-20.
② 司马迁,撰. 裴骃,集解. 司马贞,索隐.张守节,正义. 史记:卷一百三十:太史公自序第七十[M].北京:中华书局,2000:2485.
③ 讽术:背诵经艺。
④ 黄晖.论衡校释(附刘盼遂集解):卷十三:超奇第三十九[M].北京:中华书局,1990:606.

称孝。后到京师,受业太学,师事扶风班彪。好博览而不守章句。家贫无书,常游洛阳市肆,阅所卖书,一见辄能诵忆,遂博通众流①百家之言。"②可见,朗读经典能"通大义""通众流"和"贵其能用",它影响极深,不仅看在孩子们的眼中,更深深植根于孩子们的心里。

(二)四大要术

笔者通过搜集、研读古人的有关论述,除了归纳总结出上述六个层次外,还挖掘出不断提升朗读教育功能的作用层次和朗读水平的四大要术,即重要的策略和方法。笔者也曾考虑过称之为"要诀",但分析发现"要术"更准确些,因为"要术"具有公开性和透明性的元素,恰恰能体现出这些重要的策略和方法需要具备公开和透明的特点。而"要诀"带有神秘性的元素,因此还是称为"要术"更为妥当。这四大要术分别为反复、精心、思索和玩味。它们虽然具有不同的难易度,但在各自的适用范围内又具有相当的普遍性。

第一,反复:重复再三;翻来覆去。可在前述朗读教育功能发生作用的所有六大层次普及应用而产生效益。

第二,精心:用心;专心。可在前述朗读教育功能的第二层次至第六层次普及应用而产生效益。

第三,思索:思考探求。主要是在前述朗读教育功能的第三层次至第六层次重点应用而产生效益。

第四,玩味:研习体味。主要是在前述朗读教育功能的第四层次至第六层次重点应用而产生效益。

古人用他们的智慧和通过实践总结的经验教训为我们留下了朗读教育的四大要术,这是一笔宝贵财富,为现代朗读艺术的研究和实践提供了坚实的理论基石和实践指引。任何普通的朗读学习者或爱

---

① 众流:指学术上的各个流派。
② 范晔.后汉书:卷四十九:列传第三十九:王充[M].李贤,等注.北京:中华书局,2000:1099.

好者,不分背景,不分年龄,都可以在自己朗读学习和实践的相应层次,选择应用或综合应用这四大要术,从而不断地提升自己的朗读层次和朗读水平(每个层次还可以细化出不同的水平层次)。任何级别的朗读教育者及相关的教育机构,都可以推动反复、精心、思索和玩味这四大要术的普及应用与重点应用,从而使朗读教育的诸项功能在六个层次中越来越充分地发挥作用。当然,随着文本形式的不断变化和出现,以及审美品位的提升和审美取向的变化,相应地对朗读的方式、方法和呈现效果也提出了越来越高的要求。古人的这四大要术已经不能完全满足现代朗读的需要,但作为对朗读艺术具有普遍价值的基础性指导理论来讲,任何历史的局限性都不能掩盖它释放出来的科学魅力和智慧之光!

通过对古代理论的梳理可以发现,朗读教育的功能是由自下而上的朗读学习和自上而下的朗读教学两个通道来发生作用的。在朗读学习的通道上,朗读教育的功能渗透于不同年龄人群的不同层次的朗读学习之中,渗透于由浅入深、由生到熟、由粗到精、由诵到思、由思到明、由明到行、由行到通、由通到用、由学到授等各个不同的朗读层次之中。朗读学习者在不断提升自己的朗读层次的过程中,不仅能得到知识水平和智力水平的提升,而且还能得到道德修养和人格品行的提升。朗读学习者不断成长和进步、朗读层次不断提升的过程,也正是朗读教育的诸项功能越来越充分发挥作用的过程。

三、朗读的教育功能在当代的呈现

"以古鉴今"的思想理念属于高屋建瓴式的浓缩式总结,在古今中外的各个领域中几乎都有极高的方法论价值和相当广泛的实用意义。在现代朗读文化的研究中,此理念也相当适用。

前文提到过，朗读是古已有之的一种学习和教育方法，朗读的教育功能是生来就有的本体性功能，与人类文明的发展几乎是同步走到今天的，这也是笔者在前面章节用了很大的篇幅去挑选、解读、梳理、总结前人创造和使用的朗读方法、朗读功能、朗读技巧的核心用意。教育的过程从本质上讲就是人类文化传递、保存和延续的过程，因此朗读作为一种重要的教育和学习手段，无论是在古代还是在当下，都应该是文化研究、教育研究、社会研究、传媒研究，甚至政治经济研究人士需要好好关注的领域。与此同时，朗读又具有很强的实践特性，对朗读理论研究的主要目的是为了更好地指导朗读实践。因此，对朗读的研究不能仅仅着眼于理论层面，从某种意义上来讲，对实践层面所涉及的方法、技巧、实施路径和实施效果的研究更加重要。选择性地继承古人的朗读方法和实施朗读教育的相关方法也是现代朗读研究的题中之义。

每一个时代都有属于自己的独特的声音。朗读活动在古代的种种呈现和古人对朗读的研究、理解可以证明，任何一种和文化传承、和教育相关的理论都要与其所在时代的特点进行结合，才能更好、更准确和有效地指导现实的实践。朗读的不同作用层次、朗读的价值取向和朗读的技巧方法也是这样一步步演变发展到现在的，可以说，古人对朗读的所有相关描述都是在不断继承和发展中，经过了不同历史时期的大量实践证实了的，而现代朗读也应该按照这一规律在选择性继承前人研究和实践成果的基础上，加入与现代社会相适应的元素，使之更加完善。

前文我们梳理总结的六个层次既包含了朗读的功能，即朗读的目的和作用，也包含了朗读的方法和技巧。朗读的方法既包含了朗读教育实施的方法，也包含了如何选择朗读文本的方法；朗读的技巧既包含了朗读过程中的基础性技巧，也包含了提高朗读水平的高级进阶性技巧。这些方法和技巧又能拆解出很多细致具体的方法和技巧，例如,朗读过程中的实施方法又可以分为教者和学者的不同方法:教者的方法还可以细化成针对不同年龄层次人群的教法、如何引领朗读者入门的方法、如何保持朗读热情的方法、如何善用朗读去实现不同教育目的的方法等,不胜枚举。应该说,古人对朗读的主体研究已经达到了一个很高的层次和水平,这实在是我们现代朗读研究者和朗读实践者的福气!

古人在朗读理论的第一层次中,倡导从小培养朗读习惯,并把朗读作为幼儿开蒙的首选方法,这无疑是古人对朗读教育功能研究的最智慧和最伟大的贡献。把这个理论放到现代科学体系中去验证,无论是从人类生理构造的自然发育规律来看,还是作为人的个体逐步发展成为"社会人"的必然历程来看,它无疑都是准确和科学的。

古人朗读理论的第二个层次是承接第一个层次做出的方法论的阐释,进一步肯定了用朗读进行幼儿早期教育的方法,这要求方法和策略一定要符合幼儿的生理和思维特点,这样才能顺利地达到朗读教育的目的。

古人朗读理论的第三个层次揭示了朗读作为一种学习方法和手段的客观规律,即大量、有规律和重复的练习,可以让学习者有效地掌握和提升语言文字的应用能力和口语表达能力,简单地说,就是听、说、读、写的能力。

古人朗读理论的第四个层次将对朗读的方法、技巧和基本功能的阐释上升到对朗读的高级功能的论述,说明了对文本的优质朗读,既包括朗读的熟练程度,又包括朗读的理解程度,这对深入透彻地理解文本及文本背后的意义有着非常重要的帮助。而且从这一层意思的论述开始,也不再限定于针对小孩子的早期启蒙教育,而是具备了面对广泛人群的普遍意义。

古人朗读理论的第五个层次比第四层次又提升了一级,开始探讨朗读教育对人的心智发育和道德情操的培养、规范、完善的重要作用了。

古人朗读理论的最后一个层次不但与教育的本质,即掌握认识世界和改造世界的本领这一现代表述基本契合,而且还强化了"学以致用",也就是学习的理论知识,一定要在实践中验证和使用。"实践是检验真理的唯一标准"说的就是这个道理。

尽管现代中国人已经不善读古文,觉得文言文晦涩艰深、意杂难懂,但笔者在梳理这些古籍古语时,却经常被那些内涵广阔、意味隽永的古字古词感染、感动,时常发自内心地为古人短短几个字、寥寥数语就能营造出如此优美的意境而拍案叫好。中国优秀传统文化的精髓大多都是用这种语言记录下来的,因此,我们只有自觉地去提高我们的古文鉴赏能力,在现代朗读实践中兼顾古体文本和现代文本,才能真正地实现朗朗读书声响彻中华大地的理想。

从古人对朗读教育的论述层次中提炼出来的四大要术,具有高度的概括性,是近似于规律的东西。我们都知道规律是事物的内在特征和本质属性,是不以人的意志为转移的客观存在,同时也决定着事物发展的必然趋势。当然,规律只有拆解细分成具体的方法,才能具有指导实践的可操作性。因此,在古人论述的六个层次中,笔者也有意将古人提到的方法重点标注出来,供我们现代人借鉴使用。

在梳理过程中,笔者还发现了一个有意思的现象。前文中我们专门谈过尽管教育功能是朗读的本体功能,居于首位,但并不意味着朗读只有教育功能,然而古人的论述基本都是围绕着朗读的教育功能来讲的。针对这一现象,笔者认为,一方面,这个现象佐证了教育功能是朗读的本体功能的论断;另一方面,恰恰证明了朗读的教育功能类型是根据社会发展的不同时期的特点和要求,逐步进行修正和扩展的。

不可否认的是,古人的朗读观有其自身的历史局限性,并不能充分涵盖和指导现代朗读的丰富内涵与表现形式,因此单纯地继承古人的朗读观对于现代朗读研究来说是片面和狭隘的。

第三章 朗读的教育功能

由于古人对朗读的关注主要来自教育方面,因此我们在研究朗读的教育功能在当代的表现时,要在其基础之上,加以筛选和增减。

(一)朗读是早期教育手段

自古人们就认为朗读是儿童开蒙的优选方法,是一种重要的早期教育手段。朗读对孩子有用想必大多数现代人都同意,但至于有什么用,有用到什么程度,大家是否重视,或者重视到什么程度,这些问题,我们在这儿先不做探讨,留在后面章节做专门论述。这项功能主要包含三个方面:

第一,古人一般在孩子4岁左右时进行开蒙教育,富贵人家请先生来家教授,一般人家送进私塾,贫穷人家或选择自家读过书的人教授或干脆放弃,不一而足。选择这个年龄段开蒙符合自然规律,因为绝大多数孩子都是在4岁左右时,语言功能基本发育完整,具有一定的理解能力和认知能力。此时进行开蒙教育,"教"与"学"都容易进行。

第二,古人关于朗读教育对儿童开蒙作用的阐释虽然充分,但却忽略了婴幼儿的早期教育,也就是从怀胎十月到三四岁之前这段时间的教育,至少在笔者的梳理中没有见到古人关于这方面的描述。是不是朗读不适于婴幼儿早期教育呢?答案当然不是。朗读可分为"自己朗读"和"给他朗读"两种形式,婴幼儿的早期教育恰恰适合"给他朗读"这种形式,也就是以婴幼儿父母为主体,其他相关人士为补充来朗读给婴幼儿听。这种形式的效果和"自己朗读"有一定的差异,但其教育功能是同样存在的。新父母,尤其是母亲非常热衷于对着怀里的宝宝说话,但如果让她们给自己襁褓中的婴儿读故事书,很多人就会觉得很奇怪。其实我们应该这样想,既然可以和刚出生的宝宝说话,为什么不能给他朗读呢?说话和朗读用的是同一种语言啊。还有一个问题,"给他朗读"是不是持续到孩子会说话了就可以停止了呢?《朗读手册》的作者吉姆·崔利斯用他20多年的研究结果告诉我们,一直"给他朗读"到孩子十几岁时对他的益处是最大的,哪怕他早已学会自己朗读了。要知道,听别人朗读可以锻炼和加强对用听力获取的信息的分析和理解能力,这是自己朗读所不具备的功能。

第三,朗读是一种很好的亲子教育形式,无论是单向的"给他朗读",还是到了一定年龄,孩子和父母的双向朗读,都可以让孩子很好地接受和理解家庭概念和亲情概念,还有利于营造温馨、和谐、知性的家庭氛围。

(二)朗读是学习过程中必不可少的途径和手段

曾国藩在给儿子的家书中谈到学习方法时,认为"从前读书,即为熟书,总能以背诵为止,总宜高声朗诵。"[①]"尔欲作五古、七古,须熟读五古、七古各数十篇。先之以高声朗诵,以昌其气;继之以密咏恬吟,以玩其味。二者并进,使古人之声调拂拂然若与我之喉舌相习,则下笔为诗时,必有句调凑赴腕下。"[②]他很好地指出了朗读作为一种学习方法和手段具有多重功能:

第一,朗读可以更好地理解文本,因此,朗读不光是学习语文的重要方法,在其他学科的学习过程中,都可以用朗读的方式来增强理解和加深记忆。

第二,朗读有助于提高文学修养和书写能力。这种作用具有不分年龄、不分性别、不分种族的特性,不光对在校学生有效,对所有人都有效。

第三,朗读可以培养和提升语言文字修养和口语表达水平,语言文字修养是口语表达水平高低的前提条件。一方面,语言文字能力是

---

① 曾国藩.曾国藩家训:谕纪鸿:凡事皆有极困难之时[M].王澧华,向志柱,注释.长沙:岳麓书社,1999:216.
② 曾国藩.曾国藩家训:谕纪泽:尔当雪父生平三耻[M].王澧华,向志柱,注释.长沙:岳麓书社,1999:8.

人的基本生活能力,口语表达能力是现代人社会交往必备的基本素质,如果每一个人的语言文字能力和口语表达能力都可以得到有效提升,那么我们整个民族的文化素养和口语表达能力就会得到整体提升;另一方面,民众通过朗读可以促进语言文字的不断规范和统一,这有利于国家通用语,即普通话更广泛和有效地推广,进而成为各民族团结、融合和国家稳定发展的保证之一。

(三)朗读是教学手段和考查手段

朗读对于教育者来说,是一种教学手段和考查手段。作为教学手段,朗读适用于所有学科的教学过程,任何教育者在实施教育行为时,都或多或少地涉及朗读文本。而作为考查手段,要一分为二地看。如果视朗读为主要考查手段,则并不针对所有学科,主要是语文、英语等需要听写、听译等考查环节的人文学科。但如果将朗读作为辅助考查手段,那就适用于所有学科了。比如考试之前宣读考场纪律,就要用到朗读。

(四)朗读是艺术教育、德育教育和情感教育方式

朗读是艺术教育、德育教育和情感教育的一种重要方式,通过具有艺术美感的有声语言的参与,可以使人更好地理解文本营造的意境、体味文字背后所传达的思想境界,帮助人们建立和提升审美素养,能起到涵泳性情、训练心性、陶冶情操的作用,进而修身立德。如果每一个中国人都建立起了高尚的、一致的、符合中华民族气质和文化内涵的道德修养和精神品质,中华民族共同的精神家园自然就形成了,那么中华民族的伟大复兴还会远吗?

(五)朗读有助于文化认同

朗读有利于加强国民对母语的感情,尤其朗读经典文本可以有效地提升文化自信,推进国人对中华优秀传统文化的认同、传承和对内、

对外传播,进而有效地提升国家软实力。

鲁景超教授曾以朗读中学语文课本中朱自清先生的《春》举例说:"盼望着,盼望着,东风来了,春天的脚步近了。一切都像刚睡醒的样子,欣欣然张开了眼,山朗润起来了,水涨起来了,太阳的脸红起来了……面对如此生动传神的画面,我们的注意力怎么还能仅停留在排比、拟人等技法的运用上呢?当抛开种种功利的心理,静下心来认真感受并放声朗读的时候,透过朱自清先生笔下的文字,我们不能不被那天人合一的景象和生命的激情、张力所感染、所陶醉。"[①]在她的话语中,我们可以鲜明地感受到朗读经典,是一个美的创造和享受过程,是一个近距离感受母语文字和母语文化的过程。高水平的朗读可以最大限度地挖掘和呈现出文字之外的美感,可以令朗读者和听者强烈地感受到汉语言的丰富多彩和美妙生动,不由得不让人对母语文化产生热爱之情。

(六)朗读是群众性文化娱乐活动的重要形式

朗读具有广泛参与性、老少皆宜、简便可行、成本低廉的特点。全民朗读活动的勃兴,以社团形式出现的以朗读为主要活动内容的"诗社(古称雅集、吟社)""道德讲堂""学堂"的涌现,说明朗读活动已经成为喜闻乐见的艺术活动形式,在满足人民大众精神文化需求,丰富群众性文化娱乐方面,显示出极为重要的社会功能。

朗读实践还告诉我们,朗读活动"寓教于乐",在宣传国家大政方针、弘扬高尚道德风尚、倡导科学健康生活方式与传承民族传统文化方面,也发挥着不可替代的社会教化功能。

(七)朗读对有声语言工作者的教育必不可少

对于有声语言工作者,或者工作中要大量用到有声语言的人来

[①] 鲁景超."设立首都全民朗读日"断想[J].现代传播,2010(5):136.

说,朗读更是必不可少的。像播音员、主持人、教师、律师、新闻发言人,甚至政府官员等群体,都需要借用朗读来作为提高业务能力、职业素养的重要方法和途径之一。

以上就是朗读的教育功能在当代的体现,里面选择性地继承了古人发展出来的功能类型,同时也增加了当代的新需求。

这些功能类型不是孤立存在的,要与现代朗读的类别结合使用。可以理解为之所以朗读在当代会有上述丰富的教育功能,是因为现代朗读在实践中的表现形式极大丰富,这一点我们在第三章有过翔实的论述。实践形式的多样性给了朗读的教育功能更广阔的展示空间。同时,朗读教育功能内涵的不断丰富和发展,又势必会不断地对朗读在实践中的具体表现形式提出更高的要求。因此,对朗读的教育功能的研究是一个动态的、长期的、持续不断的过程。这也是现代朗读的研究者们需要明确和注意的问题。

另外,研究朗读的教育功能就必须要研究朗读作用的主体。从前面章节我们得知,朗读的作用主体呈现出多样性和广泛性的特征,这也决定了朗读的教育功能同样作用于多方面主体,包括不同年龄、不同性别、不同民族、不同职业、不同受教育程度等各类人群。历史的发展告诉我们,青少年是祖国的未来、民族的希望,同时青少年也是教育的主体。毛泽东曾满怀深情地说:"世界是你们的,也是我们的,但是归根结底还是你们的。你们青年人朝气蓬勃,正在兴旺时期,好像早晨八九点钟的太阳。希望寄托在你们身上。""世界是属于你们的。中国的前途是属于与你们的。"[1]当前的中国传承中华优秀传统文化,建立健全社会主义核心价值体系,提高国家文化软实力,同样需要从青少年抓起。因此,对于朗读的教育功能这一新兴研究领域的探讨也应该从对青少年的培养开始。

---

[1] 毛泽东.在莫斯科大学会见中国留学生时的讲话[N].人民日报,1957-11-17.

第三节　朗读对青少年群体的教育功能

一、青少年的界定

　　作为一个日常生活中的常用词语,"青少年"的界定似乎没有探讨的必要。但在笔者的研究中却发现,如果不对青少年进行界定的话,对于朗读的教育功能在青少年群体上的体现的研究将出现偏差,而且对于研究结果也会产生误读。在对于究竟何为"青少年"的探究中,笔者发现社会各界,甚至是专门研究青少年问题的理论界对于青少年的界定也各执一词、莫衷一是。从字面意思来看,青少年应该是青年和少年的合称,那么少年包不包括儿童?如果不包括,那少年和儿童的分界线是多少岁?如果包括,那么儿童的起始年龄又如何认定?青年从何年龄开始?又该如何理解青年所包括的年龄跨度?不弄清楚这些问题,我们的研究就无法具有针对性的研究过程和实践的指导意义。以下列举部分不同领域和角度对于青少年群体的划分方式:

　　中国古人用垂髫、总角、豆蔻、弱冠、而立、不惑、知命、耳顺、古稀、耄耋、期颐等来代表人生的不同阶段。垂髫一般泛指幼年;总角指少年时代,从八九岁到十三四岁左右的年龄段;豆蔻特指十三岁左右的女孩;弱冠特指二十岁的男子;而立指三十岁,之后每隔十年用一个特定的词语来描述。这里面没有一个专门界定青少年的专用词语。

　　我国《刑法》中对于是否负完全刑事责任的认定,只是按照18岁以下和18岁以上来划分。

　　《青年学辞典》[①]中对于青少年的定义是指从儿童到中年期之前的

---

① 吴广川.青年学辞典[M].长春:吉林人民出版社.1989.

全部阶段。依然无法确定具体的年龄跨度。

　　心理学界普遍认为12岁以下属于儿童期,12岁以上、18岁以下属于青少年期。这种划分方法是将青少年和青年作为两个相对独立的年龄范畴来看的,也可以认为是将青年初期和少年视为同一类心理学研究主体。

　　社会学界对于青少年年龄的划分争议很大,分为25岁以下派、30岁派、35岁派,以及6—25岁派等。

　　联合国《儿童权利公约》①中规定儿童为18岁以下的所有人。在我国,这一概念和未成年人相对应。

　　英国独立机关儿童教育服务与技能发展办公室(Office for Standards in Education, Children's Services and Skills,简称Ofsted)制定的《防欺凌保护措施》(Safeguarding Policy)主要针对儿童和青少年的保护,并将这两个群体的上限年龄统一为18岁。②

　　《中国共产主义青年团章程》第一条将青年的年龄范围确定在14—28岁,而根据《团章》第九章第三十八条的描述,将14岁以下划分为少年儿童阶段。③

　　中华全国青年联合会是各青年团体的联合组织,它对于青年的上限年龄界定是相对上述界定最宽泛的,其章程第二章第十条明确规定委员出任年龄不超过40岁,而常务委员当选年龄更是放宽到45岁。

　　本书对朗读教育功能的研究,部分基于作为社会学系统的教育概念,是指人的社会化的整个培养过程,主要是学校对儿童、少年、青年进行培养的过程。因此,综合上述对于青少年的年龄范围描述,本研

---

① 儿童权利公约[EB/OL].联合国中文官网.[2014-3-20]. http://www.un.org/chinese/children/issue/crc.shtml.
② Ofsted safeguarding policy and procedures[EB/OL]. Ofsted官网,(2010-09-01)[2014-03-20]. http://www.ofsted.gov.uk/resources/ofsted-safeguarding-policy-and-procedures.
③ 中国共产主义青年团章程.中国共青团网.(2013-06-20)[2014-03-27]. http://www.gqt.org.cn/ccylmaterial/regulation.

究将"青少年"的年龄范围界定为 6—22 岁,也就是常态下的基础教育群体和大学生群体,并在观照学校教育的同时兼顾其他教育形式。需要说明的是,本研究中的"青少年"概念是相对宽泛的,所涵盖人员的生理年龄可小范围上下浮动,这也符合目前大、中、小学生的实际年龄状况。

二、青少年的身心特征和认知的基本特点

青少年群体在成长的不同阶段,其身心发展和认知能力具有鲜明的特征和表现。例如,幼儿和儿童是由兴趣引起对事物的关注,通过直观、具体、生动的形象感知世界。中学生随着生理上的逐渐成熟,形象思维能力和抽象思维能力有了很大的提高,情感体验日趋丰富和深刻,在气质、性格、智力、意志、兴趣等方面形成了个人较稳定的心理特征。大学生正处于青年时期,感觉敏锐、想象力丰富、情感强烈、求知欲旺盛,身心发展呈成熟状态。总之,青少年群体正是世界观、人生观、价值观逐渐树立、社会生活知识和能力逐步形成的人生重要阶段。根据这个群体身心发展和认知能力的阶段性特点,把握他们生活和学习的取向,使他们的精神和情感适时地得到良好熏陶,引导他们的心灵不断趋向高尚、健康、纯洁,从而逐步形成优良的道德观念、思想品质和生存能力,为未来投身社会生活奠定坚实的基础,这是一切教育活动的根本价值目标。在这方面,朗读由其自身的结构和特征所决定,能够发挥重要的能动作用,具有独特的教育功能。

三、朗读在青少年教育中的功能

展开朗读在青少年教育中的功能阐述之前,我们先来看两张图表:图 3-1 说明了作为实践者和听者,青少年从朗读实践中获得了较

为强烈的感受,大多数的学生使用了"享受""愉快""很美""陶醉"等词描述自己的真实感受,但也有不少学生反映没感觉,究其原因,是和自身的感知能力以及朗读的水平有很大关系。

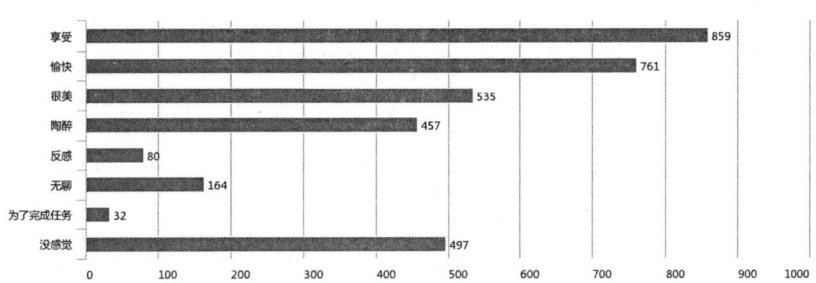

图 3-1　学生版:你自己朗读或听别人朗读时有什么感觉

在被问及喜欢上朗读之后的体会时,回答"口语表达能力增强了""理解能力提高了"和"感觉长大了,明白了许多道理"的同学数量分别排在前三位,而认为自己"眼界宽了""作文水平提高了"和"会欣赏自然风景了"的同学人数相差不多,紧随其后(见图 3-2)。在相同的样本数量中,对朗读"没感觉"的同学数量和"不喜欢朗读"的同学数量几乎相同,也说明了这两个因素是互为因果关系的,应该是朗读教育研究和实施层面需要重点关注的对象。

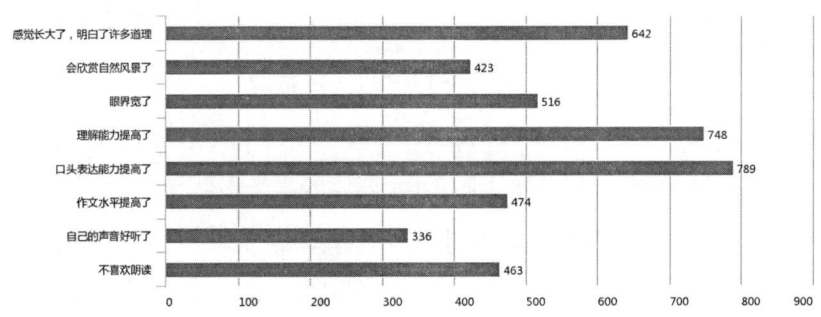

图 3-2　学生版:你喜欢上朗读后的感觉

(一)朗读是中小学语文课程的重要内容和教学方法

"听、说、读、写"历来被认为是语文课教学的四大任务,朗读自然包含其中,是题中应有之义。义务教育语文课程标准和普通高中语文课程标准均十分重视朗读的教育功能,在"课程标准""实施建议""评价标准"等方面,充分肯定了朗读教学的重要地位。例如,在高中语文必修课程的"阅读与欣赏"部分中,把"用普通话流畅地朗读,恰当地表达文本的思想感情和自己的阅读感受"规定为课程目标,提出了对朗读能力、语音、技巧以及"表达思想感情""阅读感受"各个层面的要求,强调了朗读在训练学生语文技能的同时,具有深化学生思想感情、提高学生思维能力、促进学生个性发展等多方面的教育功能。朗读不仅是教学内容和教学方法,也是学生学习的重要方法,是学生直接接触语文材料的常用方式。语文教学实践表明,朗读在全面培养学生语文素养,训练语言文字表达能力,增强在学习过程中的理解能力、记忆能力方面,具有十分重要的作用;朗读也是提高学生学习语文兴趣,营造学生快乐学习、主动学习氛围的好形式。

(二)朗读有利于提升青少年语言表达能力,规范语言文字,推广普通话

语言的产生,是在社会劳动过程中,人们彼此协调动作、交流经验的需要。交际的扩大和语言的发展,使真正意义上的口语表达即朗读的形式不断增加,应用范围不断扩展,朗读的水平不断提高,成为人所特有的社会性的智能活动。通过口语表情达意、传播知识、交流信息、沟通联系,是朗读活动最原始、最基本的功能。有声语言表达能力是人的基本生活能力,是青少年必备的基本素质,而朗读活动正是提升青少年有声语言表达能力的有效途径。通过朗读活动,在把文字语言转化为有声语言的过程中,可以充分体现规范语言的美感和价值,逐

步积累规范的语言词汇,提高青少年语言文字水平和正确进行语言表达的能力。在互联网时代,朗读对保持语言及其表达方式的规范性,推广普通话具有极大的现实意义。

叶圣陶对"语文"的几次解释基本一致,他曾说:"'语文'一名,始用于一九四九年华北人民政府教科书编审委员会选用中小学课本之时。前此中学称'国文',小学称'国语',至是乃统而一之,彼时同人之意,以为口头为'语',书面为'文',文本于语,不可偏指,故合而言之。"①"口语是运用有声语言,通过口说耳听进行交际的;书面语是运用文字,通过手写眼看来传递信息的。它们彼此关系密切,互相区别,互相依存,互相影响,都是人类最重要的交际工具。"②因此在语文教育中,用朗读的方式来培养和提升青少年的口语表达能力是可行的,也是必要的。

(三)朗读是中小学学科教学的重要方法

在学校教学实践中,朗读是各学科教师常用的教学方法。经验证明,培养学生朗读的兴趣和习惯,指导学生对学习材料进行反复朗读,能调动学生学习的主动性,激发学生的求知欲,增强学生对所学内容的理解能力和记忆能力,也有助于学生从形象思维向抽象思维的转化,提高学生的思维能力水平。这是因为,情绪情感贯穿人的活动,情绪情感激发或抑制人的活动。学习知识、认识真理的活动也不例外。人的求知欲、兴趣、好奇心、想象力,乃至幻想、灵感,都与人的情感有密切关系。当人的情感与其所进行的认识活动发生共鸣时,认识就会受到情感的激化,从而激发人的认识潜能,加速认识的进程。朗读,是以情感表达为特征的能动性、创造性活动,在学习过程中,适当运用朗读的形式,激发学生积极的情感情绪,会给学习活动注入活力和生气,

---

① 叶至善.叶圣陶答教师的100封信[M].北京:开明出版社,1989:56.
② 张颂.中国播音学[M].2版.北京:北京广播学院出版社,2003:305.

成为学习发展的推动力量。

(四)朗读对青少年具有审美教育的功能

美育是教育的根本任务之一。德、智、体、美全面发展,是学校教育的基本方针。朗读作为一种语言艺术的表现形式,与其他艺术形式一样,具有情感性、愉悦性、创造性等特点。朗读活动本身就是一个体验和表现美感的过程。文本是朗读的创作对象,是描写自然、反映生活、抒发情感、寄托理想的载体,在把文字语言转化为有声语言的过程中,声情并茂地朗读向人们展示了大千世界的绚丽多彩、社会生活的波澜壮阔、人情世故的高尚境界、故国乡土的深情厚爱。

丹纳在《艺术哲学》中说:"人的喜怒哀乐,一切骚扰不宁、起伏不定的情绪,连最微妙的波动,最隐蔽的心情,都能由声音直接表达出来,而表达的有力,细致,正确,都无与伦比。"①

从某种意义上说,声音是表达人情绪的最好途径,言语生成过程中,总是有声音参与其间。声音有利于文本的生成,许多人在写作时念念有词即是证明。一些课堂讲义或讲演提纲的整理稿成了学术名著则又是一证明。"文本是说出来的而不是写出来的",这句话是有道理的,而文本一旦形诸文字,在获得独立性的同时也失去了它赖以产生的语境,"也必然减损了言语生成之时的具象与鲜活,漏失了声音,也意味着漏失了一部分的情味,这就为读者的创造提供了空间。"②"桂岭瘴来云似墨,洞庭春尽水如天","秦时明月汉时关,万里长征人未还","大漠孤烟直,长河落日圆","自信人生二百年,会当击水三千里","但愿人长久,千里共婵娟","何当共剪西窗烛,却话巴山夜雨时"……自然美、社会美、人性美跃出文外,使人俨然身临其境,得到了美感的体验。因此,朗读成为审美教育的重要媒介,在塑造审美心理,

---

① 丹纳.艺术哲学[M].傅雷,译.北京:人民文学出版社,1963:30.
② 郑飞艺.诵读的教学原理[J].语文学习,2000(6):10-11.

培养审美能力方面,发挥着独特的教育功能。另外,在朗读的过程中,情感的宣泄、音韵的节奏旋律,也使人感受到朗读艺术的有声语言魅力。

(五)朗读是青少年思想品德教育的特殊途径

德育,是青少年教育的一项根本任务,在学校教育中居于极为重要的地位。各级学校,分别开设了思想品德、思想政治、政治理论必修课程,成为对青少年进行思想道德和政治理论教育的主渠道。除此之外,教育实践的历史经验业已证明,青少年思想品德教育是一项涉及家庭、学校、社会的立体性教育系统工程,是多个教育部门和多种教育途径、手段交互作用持续进行、不断深化的育人过程。因此,包括朗读在内的各种教育因素,对青少年思想品德教育都具有各自独特的不可忽视的作用。

中国古代文人非常看重对青少年的德育教育,明代王阳明在《传习录上》说:"孔子所定三百篇,皆所谓雅乐,皆可以奏之郊庙,奏之乡党,皆所以宣畅和平,涵泳德性,移风易俗。"①强调了这些作品既有理性的内容,又有感性的形式。在朗读过程中"循序渐进"和"熏陶渐进"会同时发挥作用,既可以使人通过理性的内容认知道理,又可以透过感性的形式受到熏陶,从而受到德育。这些理念从另一个侧面为我们今天的青少年思想品德教育的实施,带来了一定的启发,那就是既要讲究内容,又要讲究形式;既要完成内容层面的输送,又必须选用科学有效的输送方式和手段。对人的思想品德和精神世界的塑造,必须同样重视教育内容和教育形式才能取得好的效果。

朗读对青少年思想品德教育的功能,是由思想品德教育过程的特点决定的。认知、情感、信念(信仰)、意志和行为,是构成青少年思想

---

① 王守仁.王阳明全集:卷一:语录一:传习录上[M].上海:上海古籍出版社.1992:10.

品德的基本要素。青少年思想品德教育和养成的过程,是这些要素相互作用、相互转化、协调发展的过程。其中,作为青少年思想品德基本构成要素的情感,是指作为青少年个体通过一定的思想政治观点和道德标准,在评价自己或别人行为时所产生的内心体验,是对客观事物是非、爱憎的情绪态度。在青少年思想品德的形成过程中,情感因素是不可缺少的内在条件,是调节行为的精神力量。在青少年个体接受知识、形成信念、锻造意志,把知识转化为行动的过程中,情感因素起着不可或缺的推动作用。同时,情感因素也是联系其他构成要素的纽带,起着承前启后、协调发展的作用。由此可见,虽然思想品德教育要学理论、讲规则、提要求,但其实施过程和终极效果,则是以情感交流为核心,去改变和塑造人的内心世界。"晓之以理"需要"动之以情",要以情动人、由情达理、以理服人,这是青少年思想品德教育的基本方法,体现了青少年思想品德教育的本质特征。从这个意义上讲,思想品德教育是情感教育,这就为以能动性、情感性、艺术性为特征的朗读,在青少年中发挥其独特功能,提供了客观依据和展示空间。

朗读对青少年思想品德形成的教育功能,首先表现在作为主渠道的思想品德课教学过程中。在课堂教学中,教师本人指导学生,运用朗读形式,把文本教材转化为有声语言,对教学内容进行声情并茂的口语表达,引发学生的情感共鸣,力求取得最佳教学效果。高水平的朗读可以用有声语言营造特定的教学情境,使学生身处其中,品味、领略、感悟教学内容的丰富内涵,体验理论知识的逻辑力量,并把这种感悟、触动内化为自己的思想意识,经过逐步的长期的积淀,形成系统的思想道德水平和认知能力,在实际行动中表现出来。教师通过声情并茂的有声语言表达,不仅把理论知识阐释得具体、生动、形象,具有强烈的感染力和冲击力,而且还可以调动学生的学习兴趣,把"苦学"变成"乐学",把"要我学"变成"我要学",从而提高学生学习的自觉性,增强思想理论课教学的吸引力和凝聚力。

充分发挥朗读在思想理论课教学中的作用,这也对教师的语言表达能力提出了更高的要求。教师的教学语言,应当具备以下特点:一是科学性,即语言准确、规范;二是艺术性,要求使用普通话,语言要简炼、生动、好听,表达要有节奏感,富于感情或感染力。这就要求包括教师在内的所有思想品德和政治理论教育工作者,努力提高自身的语言修养和有声语言表达能力。学习和运用朗读这种表达形式,是完成这个任务的有效途径。

青少年思想品德的形成,是在诸多因素影响下的反复持续的发展过程。朗读对青少年思想品德教育的功能,也表现在教育主渠道之外的领域。如朗读作为课外业余活动的一种形式,以社团形式出现的朗读兴趣小组、文艺演出和朗诵表演等。朗读通过这些活动形式,潜移默化地影响着青少年的思想品德面貌,发挥出其特有的教育功能。朗读为沉浸其中的人们展现出自然、社会和人生的生动图景,令人赞叹山河壮丽,感怀历史变迁,领略时代风貌,景仰民族俊杰,激发人们去追求真理、探索规律,正确认识世界,清醒把握自己。朗读活动润物无声、情感交融,以其独特的教育功能为青少年逐步形成高尚的思想道德品质,树立科学的世界观、人生观和价值观,培养积极的生活态度和规范享用生活的行为,提供了丰富的精神资源和理论素材,持续、深刻、能动地引导着青少年的健康成长。

朗读作为一种深受青少年喜爱的语言艺术活动,也在不断满足青少年成长过程中日益增长的精神生活需求。通过这种充满愉悦性的快乐学习和娱乐形式,有助于增强青少年的生活情趣,提高他们以学习为主的生活质量。

育人是百年大计。青少年思想品德教育的养成是一项长远的教育工程。围绕青少年思想品德教育的中心任务和学校教育主渠道的运行,重视并推动群众性朗读活动的良性发展,不断提高朗读教育和朗读活动的广度与深度,为青少年思想品德教育和养成创造良好的环境和长效氛围,相对于朗读教育的预期性、即时性功能而言,这是朗读教育隐性功能的显著呈现。

(六)重视和推广朗读活动,是促进教育改革的重要手段

从应试教育向素质教育转变,是教育改革的重要目标。推广朗读活动,对实现教育的根本转变,具有十分重要的方法论意义。朗读体现了人的语言文字修养,朗读能力是人的语言表达能力的重要组成部分。而语言文字水平和语言文字表达能力(包括有声语言的表达能力)正是人的基本素质,是人的全面素质的重要构成因素。如前所述,朗读活动在青少年审美素质与思想品德素质的培养方面,也具有显著的作用。语言素质、审美素质、思想品德素质的提高,必然促进青少年全面素质的发展,从这个意义上讲,朗读教育就是素质教育。推动朗读活动的开展,既是促进应试教育向素质教育转变的重要体现,也是促进这个根本转变的有效手段。

从偏重理性教育向感性和理性统一的教育转变,是教育改革的另一个重要目标。朗读作为自觉的、能动的具有强烈情感伴随性的实践过程,是感性和理性相结合的活动。朗读不仅能促进人的情感的变化发展,而且还能成为连接感性和理性的媒介,使人的感性和理性协调一致。因此,朗读活动是进行感性与理性统一教育的好形式,对青少年的各种形式的教育具有普遍意义。

另外,朗读活动在创建素质教育的氛围和环境方面,也有独特的优势。由于朗读具有主体的广泛性(参与者无性别、年龄要求;既可以是个人,也可以是集体)、形式的多样性(课堂教学、课外活动、娱乐表演等)、活动的便捷性(一般不受时空限制,可以因人因时因地而宜,对诸如场所、设备等物质条件的需求较少)、内容的渗透性(与学校各学科教学和各类教育活动均可相互衔接、相互包容)等特点,所以充分利用朗读的上述特点和推广优势,推动朗读活动广泛深入的开展,对创

建有利于素质教育的校园文化和教育氛围,无疑具有十分重要的实践意义。

　　王建峰博士在对新中国成立以来不同时期的语文文本解读研究中,梳理出疏离自我、凸显自我、教育自我和自我教育[①]的语文教育目标追求的发展变化脉络,笔者认为这也可以理解为我国语文教学改革的思路演变过程和动因所在。朗读因其具有的独特的教育功能,通过良好的学习和训练,可以使青少年掌握一种有效的、可以运用到终身学习中的方法和手段,因此,促进朗读活动的开展,将对包括语文教学在内的教育改革起到重要的推动作用。

---

① 王建峰.语文文本解读的自我教育性格[D].长沙:湖南师范大学,2010.

第四章　朗读教育的现状和朗读教育功能的释放

第一节　朗读教育的现状

一、校内呈现

　　对于青少年来讲,教育功能的发挥主要依赖学校教育,朗读的教育功能体现也不例外。学校教育阶段对于青少年朗读兴趣的培养、朗读习惯的养成和朗读能力的塑造非常重要。尽管我们曾经说过在学前启蒙教育阶段,来自父母和家庭其他成员的影响对于孩子养成朗读习惯的作用很明显,但毕竟在上小学之前,绝大多数孩子只有3年左右的时间是全天候和家人在一起的,剩余的3—4年时间需要上幼儿园和学前班,幼儿园和学前班严格意义上讲,属于学校教育的范畴。对于本书的研究对象——青少年群体来说,从小学到大学的受教育过程,同时也是逐步养成和巩固一系列对其一生都将影响至深的行为习惯、知识技能和思维方式的过程,通过这个过程建立和完善人生观、价

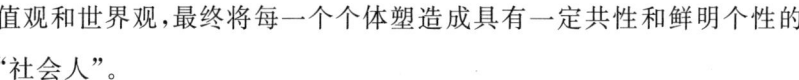

值观和世界观,最终将每一个个体塑造成具有一定共性和鲜明个性的"社会人"。

(一)教师层面的呈现

教师是青少年校内教育的主要实施者。对于朗读教育来说,语文教师则是最主要的教育实施人员。从小学到高中,语文课都是主课之一,而且某种意义上说是所有学科的基础课程。《义务教育语文课程标准(2011年版)》前言部分开篇就提到:"语文课程致力于培养学生的语言文字运用能力,提升学生的综合素养,为学好其他课程打下基础;为学生形成正确的世界观、人生观、价值观,形成良好个性和健全人格打下基础;为学生的全面发展和终身发展打下基础。语文课程对继承和弘扬中华民族优秀文化传统和革命传统,增强民族文化认同感,增强民族凝聚力和创造力,具有不可替代的优势。语文课程的多重功能和奠基作用,决定了它在九年义务教育中的重要地位。"这段文字一方面体现了语文课的重要性,另一方面也说明了语文课是朗读教育实施的主要阵地。尽管到了大学阶段,语文课程已不再是所有学科专业的基础课程之一,但中小学阶段语文课打下的基础,仍在大学各科的学习中发挥着重要的作用,也正因大学阶段已没有必修的基础语文课,所以本书对于教师层面的实证研究主要着眼于中小学语文教师。

本研究的调查结果显示,被调查的语文教师女性居多,这也符合目前中小学文科教师的性别分布特征(见图4-1)。年龄层次分布以中青年教师为主(见图4-2),其中大多数语文教师工作年限超过10年(见图4-3),有着较为丰富的语文教学经验。

这个年龄的群体主要集中在70后和80后,处在这个年龄段的语文教师,学历普遍是本科以上,而且绝大多数都接受过正规的、完整的师范类大学的汉语言文学专业或者教育学专业的系统培养和训练。因此他们在语文课堂教学实践中使用的方法和遵循的教育原则也体

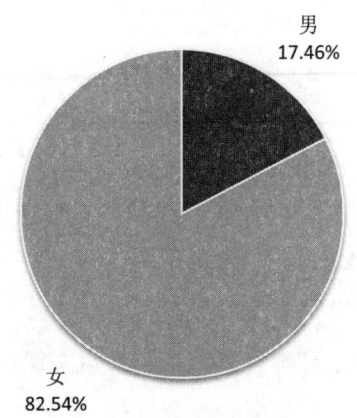

图 4-1　教师的性别分布

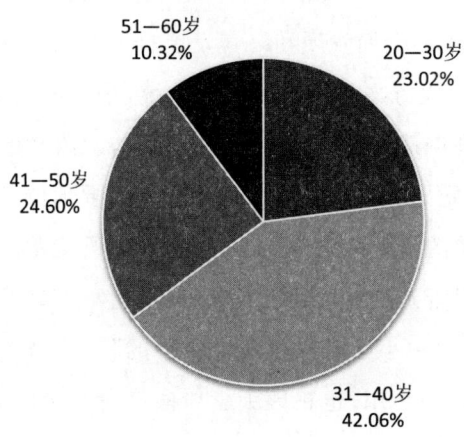

图 4-2　教师的年龄分布状况

现了目前我国主流教师培养体系的特点。

前文提过,朗读的启蒙和训练需要从小开始,朗读教育功能的体现也是随着被教育者生理和心理的成熟而逐渐体现的,最终达到稳定状态。因此本书选取的语文教师所教授的学级也体现了这一特点(见图 4-4)。

笔者生于 70 年代中后期,在笔者的记忆中,朗读兴趣的培养和朗读习惯的养成与小学语文老师关系非常密切。人们常说,母亲是孩子

第四章 朗读教育的现状和朗读教育功能的释放

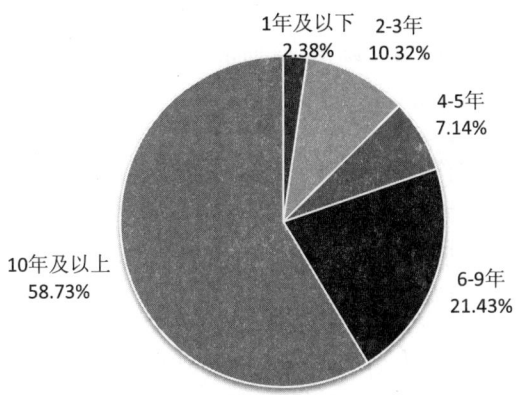

图 4-3 教师的教学年限分布

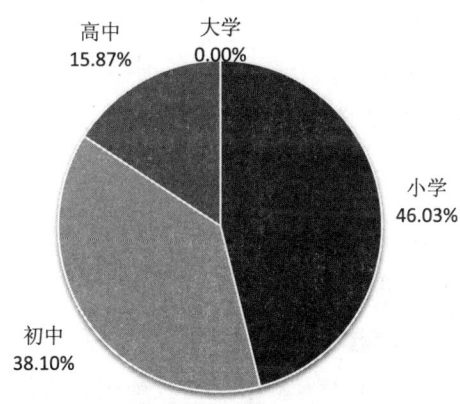

图 4-4 所教授学级分布

的第一位老师,而恰巧笔者的母亲就是一位中学语文教师,因此也算是笔者的第一位语文老师吧。那时的生活条件不比现在,笔者也是千万个在自行车上长大的孩子中的一员。从不足一周岁开始每天坐在母亲的自行车上,从家里到母亲单位的路程就是一堂美妙的朗读鉴赏课和朗读训练课。从不会说话到牙牙学语,再到可以和母亲一起朗读,这样的日子过了整整 11 年,直到笔者读初中为止。记忆中,母亲在朗读诗词散文时,声音和平时说话是不同的,那是一种特别纯净、柔美、沁人心脾的声音,随着不同的文本体裁,时而高亢,时而低沉;时而婉约,时而狂放;时而喃喃细语,时而语气坚韧;时而蜿蜒爬升,时而急转直下……因而,听母亲朗读,或者和母亲一起朗读便成了笔者的一大乐事。笔者是幸运的,继母亲的熏陶之后,小学和初中的几位语文老师基本上都是喜爱和擅长朗读的,因此大学考入了国内有声语言领域的最高学府,并且最终成为有声语言工作者,这与从小接受的朗读熏陶和训练有着必然而密切的关系。随着本书实证研究的不断展开和深入,笔者发现,当下中小学的语文教师中也不乏爱好朗读者,更不乏对朗读教育功能的推崇者,部分语文教师也在按照自己的理解、以自己的方式,对学生进行着朗读教育的提倡和实践。但由于下述原因,朗读教育在中小学生群体中具体呈现的过程和结果并不尽如人意。

1. 语文教师的朗读教育意识和能力受到自身培养体系的制约

从笔者的调研情况来看,语文教师整体的朗读教育意识、朗读教授能力和朗读实践能力良莠不齐。语文教师的培养过程缺乏与朗读相关的专项训练,从实际呈现情况来看,教师对于朗读与朗读功能的认知、朗读水平、朗读教育能力和朗读评判能力大都基于个人对朗读的喜好和自我训练,基本上有赖于语文教师的主观能动性,客观上缺乏相应的专业训练以及科学的评价体系和评价机制,因此,语文教师的朗读水平呈现散乱的、良莠不齐的状态。同时,朗读相关能力和水平的高低,也与语文教师自身的文学修养、普通话水平和语言表达能力有着直接的关系。

根据中国校友会网发布的 2017 中国师范类大学排行榜[①]显示(见表 4-1),北京师范大学和华东师范大学位列我国师范类大学的榜首和

---

① 2017 中国师范类大学排行榜[EB/OL].(2015-06-23).中国校友会网. http://www.cuaa.net/cur/2015/31.shtml.

第二位。尤其是北京师范大学更是被评价为中国大陆地区综合办学实力最强的师范类大学。我们就以这两所高校专门培养语文教师的汉语言文学专业(师范班)的培养计划和课程表为例,来看看中小学语文教师是怎样培养出来的。

表 4-1　2017 中国师范类大学排行榜前十名榜单

名次	学校名称	所在地区	2017 排名情况		
			全国排名	星级排名	办学层次
1	北京师范大学	北京	19	5 星级	世界知名、中国一流大学
2	华东师范大学	上海	28	4 星级	世界知名、中国高水平大学
3	华中师范大学	湖北	36	4 星级	世界知名、中国高水平大学
4	东北师范大学	吉林	38	4 星级	世界知名、中国高水平大学
5	南京师范大学	江苏	46	4 星级	世界知名、中国高水平大学
6	湖南师范大学	湖南	61	4 星级	中国高水平大学
7	华南师范大学	广东	64	4 星级	世界知名、中国高水平大学
8	陕西师范大学	陕西	67	4 星级	世界知名、中国高水平大学
9	福建师范大学	福建	75	4 星级	中国高水平大学
10	首都师范大学	北京	81	4 星级	中国高水平大学

先来看北京师范大学。我们以 2010 级汉语言文学专业本科层次师范班为例,将其过往四年的课程综合起来看,该专业的必修和选修课程加起来有 70 多门,除去公共基础课,大部分课程涵盖了与汉语言文学相关的各个领域,小部分课程与教育学相关,课程类型非常丰富。笔者经过梳理发现,在这些课程中,与语文课程教学教法关联度相对大一些的独立课程依次是大学一年级的"教师语言艺术",大学二年级的"教师媒介素养概论"和"教育心理学",大学三年级的"语文教材研究""教育学""语文课程改革理论与实践""语文教育学""中国传统语言学与文言文教学专题"和"语文课程设计"。从大学三年级下学期开始,师范班的同学就逐步进入教育见习和实习阶段。在这些课程当中,笔者并没有发现与朗读相关的课程,或者说专项训练朗读的课程。

有一些课的授课过程中可能会涉及朗读行为，比如有关中国古、现、当代文学原著精读，和唐宋诗词、散文研究等课程会有朗读的部分，但也如同中小学语文课教学一样，那只是教学过程中的必要手段，不能认为是朗读的专项训练。笔者在对青岛某市级规范化学校 A 中学初中语文教师做采访的过程中，就遇到一位北京师范大学毕业的蒋老师。蒋老师参加工作 13 年，是该中学初中语文教学的骨干教师，她的一段话也印证了目前师范类院校在语文教师培养过程中朗读训练的缺失。

笔　　者：（在语文课教学中）除了以读作为（教学）载体，还有没有其他针对读的训练？

蒋老师：有，但是不多，靠各个班的语文老师来带领。语文老师并没有接受除了教师基本功以外的训练。

这就进一步说明语文教师在培养的过程中，自身并没有机会接受系统的朗读训练。为了避免以偏概全，我们再来看看另一所优秀的师范类大学的情况。

笔者在华东师范大学官网上找到了中国语言文学系汉语言文学专业 2009—2012 级本科层级师范班的培养方案，其中未能找到明确的关于朗读能力培养的描述。随后，笔者又找到目前在校学习的本科一年级至本科三年级，即 2011 级、2012 级和 2013 级汉语言文学师范班 2013—2014 学年第二学期的课程表。尽管这份课程表只有在校学习的三个年级（和北京师范大学一样，本科四年级是教育实习期，很少或接近无课）半个学年的课程情况，但结合北京师范大学的课程标准，也可以看出端倪来。华东师范大学本科一年级和二年级的同学在这一学期分别有必修课 13 门和 10 门，但无一门与语文课程教学教法有关。三年级必修课程 5 门，指定选修课程 1 门，选修课程 20 门，其中有 3 门必修课和 1 门选修课与语文课程教学教法相关，分别是"教育见习(二)""现代语文教育发展""语文课堂教学设计与教材研究",以及"语文课程与教学专题研究"。在这些课程里,笔者依然没有发现明确的对语文教师朗读能力的培养方式。

上述两所国内顶尖的师范类大学关于语文教师培养相关课程的梳理,笔者并无意去评判其培养教师的综合水平高低与否,只是客观地展示在语文教师的培养过程中,课程设置确实缺乏关于朗读的专项训练。这一点,从根本上决定了目前中小学语文教师的朗读教育素养方面是缺乏统一的、科学的系统训练的。这就让笔者有了一个疑问,前面提到的笔者从读小学开始就遇到了几个喜欢朗读的语文老师,难道真是特例吗?带着这个疑问,笔者询问自己的母亲。笔者母亲接受语文教师专业培养的只是一所师范中专,学习层级上不如现在的本科教育,更谈不到和研究生教育相比了,但在 20 世纪六七十年代,就在那样一所中等层次的师范学校里,笔者的母亲接受了很好的朗读训练,母亲说这些都为她后来逐步成长为一位获奖无数的中学语文教师奠定了坚实的基础。无独有偶,在笔者对青岛市某区教育研究发展中心的小学和初中语文教研员群体进行采访时,几位年纪较大的语文教研员佐证了笔者母亲的说法:

笔　者:这也是我的一个困惑,我觉得朗读得好这一定是经过后天训练的,一定不是天生的。有人说现在师范教育的朗读课根本开不起来。

初中语文教研员余老师:开不起来我觉得主要是师范教育发生变化了。我们都是在师范学校经过严格训练的,写字、读,这些都是要单个过关的。

初中语文教研员张老师:现在新分配来的年轻教师在这个方面确实有欠缺,都这样,也没办法。现在很多考核没有对老师的考核,都是通过学生怎么样来体现老师怎么样,都是通过学生的成绩来体现的。重点根本没有放在老师的考核上。

余老师和张老师都是20世纪70年代的师范毕业生,余老师从事中学语文教学近20年,语文教研员近10年;张老师从事中学语文教学10多年,语文教研员10多年,两位都是经验非常丰富的语文教师。可以听得出,老一代的语文教师在培养阶段,曾经是比较重视朗读训练和考核的,但到了现在,重视程度反而不如以前了,也许和张老师刚才那段话的后半段表述有很大关系,那就是对于教师的考核方式出现了变化。

2.语文教师朗读教育意识和能力的自我完善受到教师考核体系的影响

在调研中笔者了解到,现在对于中小学教师的考核内容越来越全面,越来越细致,但基本都是要通过学生的表现来完成,也就是所谓的注重教学质量和结果。可是目前,我国除了小学生升初中不需要经过升学考试之外,初中升高中和高中升大学都需要经过严格的升学考试,因此,在初中和高中这两个阶段,所谓对学生的考核也就是各种课堂测验、学期考试、升学考试的过程,而这些过程中都没有朗读,或者说有声语言的考核。因此,按照这个逻辑,恐怕没有几个老师会费力去为学生训练和强化一项根本就不会在升学考试中使用到的技能。这就是老百姓口中常常提到的中考和高考"指挥棒"。可以说这两根客观存在的"指挥棒"在指导着大多数中小学语文教师和学生在实际教学和学习中的价值取向。

北京市重点中学B中学副校长陈老师是国家优秀教师、语文特级教师,有超过30年的中学语文教学经验,在几个城市都担任过语文教研员,也在不同的中学做过教学管理工作,他对语文教师的培养和朗读教育的课堂实施有着自己的看法。

笔　　者:目前对于学生"读"的能力怎么考查?

陈老师:目前对于读的考查更多是文字阅读。咱们国家的语

第四章 朗读教育的现状和朗读教育功能的释放

文教学更多还是写,是工具性的。这个读不是朗读的读,是阅读的读。

笔　者:课改如果增加朗读的考核,有几个难点,一个是标准是什么。二是对老师还是对学生考核。对老师的考核(可能)更加麻烦。

陈老师:你考学生就是在考老师,老师不指导学生会不了。

笔　者:如果(考虑)把朗读(考核和评价)纳入教学体系,您同意么?

陈老师:有点过高了。也可以作为语文教学的目标之一,但目前作为考核内容有点高。

笔　者:为什么?

陈老师:绝大部分老师没有朗读的爱好,更缺乏这种训练。所以现在要考查他们就给他们增加负担了。……老师可能自己能欣赏但是做不来,因为没人培养。如果想让老师们做,必须在高等师范就要有这一课。

笔　者:您是否同意在语文教师培养(环节)增加(关于朗读的要求内容),或者在选拔(语文教师的)过程(中作为)考查条件之一。

陈老师:可以作为一个必修课,但不是这方面不好就做不了语文老师,做好一个老师凭他某一方面就可以。每个人都有自己的长处,(朗读)作为语文老师的一个素养是可以的。在高等师范院校提出这个来可能更恰当。

3.语文教师朗读教育的实施受到自身朗读教育意识和学生考试选拔制度的双重局限

在调研的过程中,笔者遇到的语文教师都表示,朗读在语文教学中非常重要,不但是一种很好的语文教学手段,更是对培养青少年的整体素质,包括身心两方面都有很大的好处,这一点从调查问卷的结果也可以显示出来(见图4-5)。

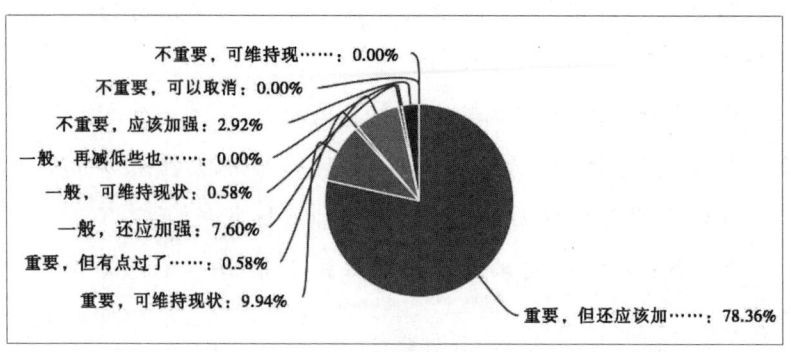

图 4-5　语文教师认为朗读是否重要以及未来发展建议

从调查结果来看,绝大多数的语文教师都认为朗读很重要,并且目前对于朗读的重视还远远不够,只有不到 10% 的语文教师认为重要,但维持现状即可,这部分教师主要是从教学过程中语文课程教学时间的分配角度来考虑的。先来看看被调查的语文教师们每堂课会用多长时间来进行和朗读有关的活动(见图 4-6)。

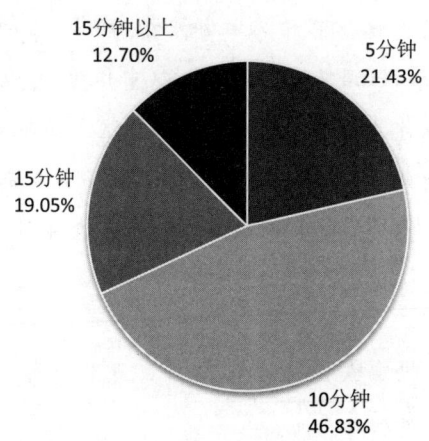

图 4-6　朗读在每节语文课中所占时长

中小学每节课的标准时长是 40—45 分钟,将近半数的语文教师选择使用 20% 左右的课堂时间来进行朗读活动,而且这个时间是包括老师和学生所有涉及出声读的时间的总和,因此,实际上语文教师进行示范朗读和对学生进行朗读专项训练的时间就更短了。在谈到语文教学课时分配问题的时候,青岛 A 中学的蒋老师告诉笔者:

笔　者:各个学科的课程安排平均么?

蒋老师:都还是很平均的,初二的语文课会变少,因为初二要加进其他课程。初三语文课就又变多了,因为初二会考结束了。

下面的调查结果(见图 4-7)很好地证明了蒋老师所说的属于普遍现象。尤其是初中阶段,几乎没有语文教师在课堂上拿出更多的时间来进行朗读活动。

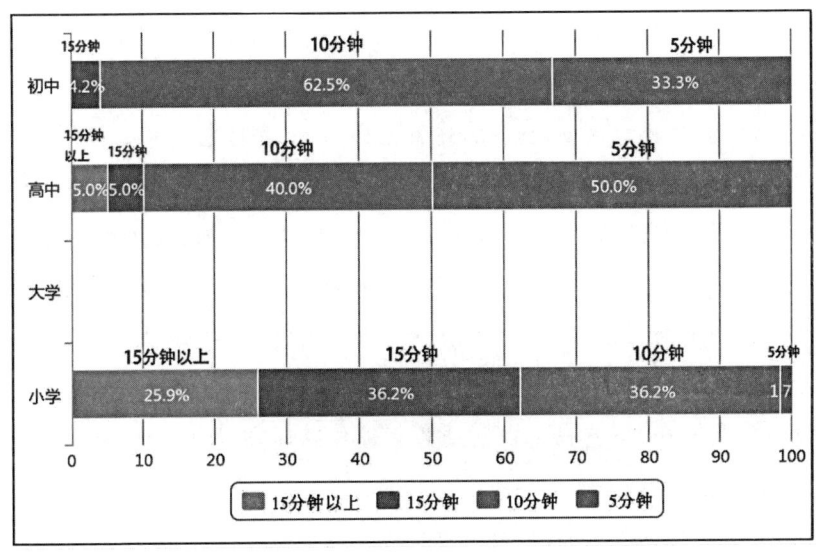

图 4-7　朗读在不同学级中所占比例

语文课程实际所占课时的限制的确让语文教师的教学受到了某种限制,要在有限的课时里完成对考试所需知识点的教学,同时兼顾与考试分数没有直接关联的素质教育的内容,对大多数语文教师来说的确是一个两难的抉择,特别是重点学校的语文教师感到很无奈。郝老师曾是北京市一所普通中学的高中语文教师，几年前因为较强的教学能力被调入位于海淀区的一所市高中示范校C中学。

笔　者：我想知道您在备课的时候，是怎么准备关于朗读这方面东西的，或者是您平时教学的时候怎么把它实践出来的？

郝老师：我觉得其实我早期的时候，就是刚走上工作岗位的时候，可能朗读的还多一些。现在的情况是，我进入到这个学校有四五年了，这是一个重点中学，它对教学成绩有要求，对分数有要求。我们讲一篇课文是两课时，当我对文本本身的内容进行挖掘，我要求足够深广以后，那么必须侵占的时间是什么，就是前边朗读的时间。我们也愿意让学生去充分地朗读，或者是品鉴，或者是试读，比如说培养学生去读。我觉得我自己如果反思一下的话，因为后面内容的扩充，而这样的扩充是我们有意识想让学生在理解的能力和思维的深广度上有一个提高，使他对事物的认识，还有他的作文，包括他在考试的时候所呈现出来的，与别人相比，与普通的学生相比，他有更不一样的地方。所以我们是有意为之的，那么他冲击的、占有的时间，我现在反思来说，就是确实是和前些年比读的少了，老师的示范朗读和朗读的设计，因为以前的时候我在讲诗歌的时候，其实专门就要进行朗读设计，那这一节课我就可以怎么去读，怎么去表现，我可以这样设计。但是现在好像这样的，有意识地以朗读为主进行设计，和把朗读作为一个教学环节，很重要的、很主要的一个教学环节，放在我的整个教学过程中间，我觉得确实是少了。

笔　者：那我能不能理解说，您在准备的时候对这方面照顾也少？

郝老师：少了，少很多。

笔　者：其实您刚才提到一个很实际的问题，就是包括学生们的压力也好，您的教学压力也好，造成您现在这种不得已而压缩朗读时间的现状，您觉得是什么原因会产生这样的无奈行为呢？是什么压缩了您、压缩了孩子们朗读的时间？

郝老师：我觉得还是老师，其实我自己现在反思的话，可能如果我们要推的话，我们把这个责任要推到别的地方的话，我们会说教学的，比如说对分数的要求，高考的压力、排名。就是这些东西让我们更功利一些，更实际一些。还有刚才（说）的我们的教学目标的确定。比如说你的教学目标如果确定为对这个文本进行更深层次的理解，或者对作者以及文本进行一种更宽阔的、更广泛的一种了解和汲取的话，包括这个作家他本身整个的人生，知人论事，你如果把教学目标定在这个地方的话，那你必然可能在这方面要涉及得多一些。但是如果你的教学目标就设定为朗读这篇文本，让学生通过反复地读，然后品鉴、体味等等，那是不是你的教学重点必然也会转移到这儿？所以我觉得两方面，一方面（是）要成绩，各方面的一种压力；还有一方面可能也是老师自身对教学目标设定的一个结果。再有就是，比如说我觉得学生那儿也有问题。

笔　　者：怎么讲？

郝老师：我们明显地感觉到如果你教普通班，或者甚至是学生的（学习成绩）程度稍微差一点，他喜欢朗读，他喜欢读，他喜欢你调动他，你很容易调动他，（比如说）我们来玩一个什么。但是如果比如说实验班，或者是学习越好的学生，他对这些，可能不能直接得分的活动、游戏、项目，他的兴趣不大。

既然课堂内的教学时间因为种种原因无法更多地留给朗读活动使用，那么语文教师会不会利用学生课外的时间来对学生进行朗读训练呢？来看两组数据：

显然大多数的中小学班级还没有开设朗读兴趣小组（见图4-8），那么语文教师会不会给学生布置朗读的家庭作业，以借助家庭教育的力量来给学生补上朗读训练时间不足的缺失呢？

通过图4-9我们得知，80％的语文教师承认虽然布置与朗读相关的作业，但数量并不多。那么，不同学级的语文教师对待课外朗读作

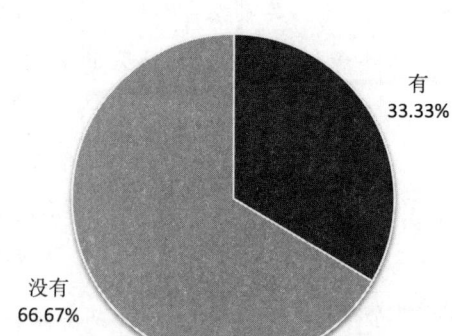

图 4-8　班级是否有课外朗读兴趣小组统计

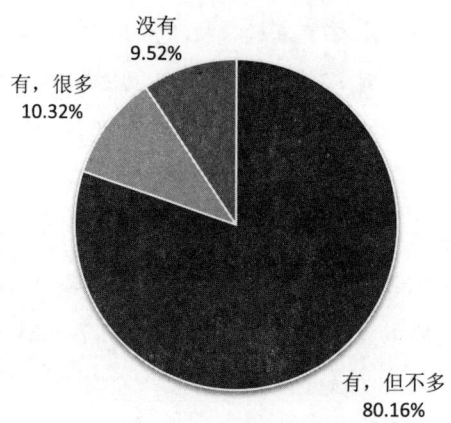

图 4-9　学生课外朗读作业统计

业的态度又有哪些特点呢？

图 4-10 所示,依然是初中阶段的课外朗读作业最少,高中阶段的情况好一些,最好的就是没有升学压力的小学阶段,当然,小学阶段也有其特殊性,我们会在后文中继续分析论述。

前文中,郝老师提到了朗读教育在学校教育中存在的问题,还与学生自身对于朗读的喜好和认知有很大关系。如果说教师的因素和教育结果考核的因素都属于外部客观因素的话,学生自身就属于内部主观因素了。

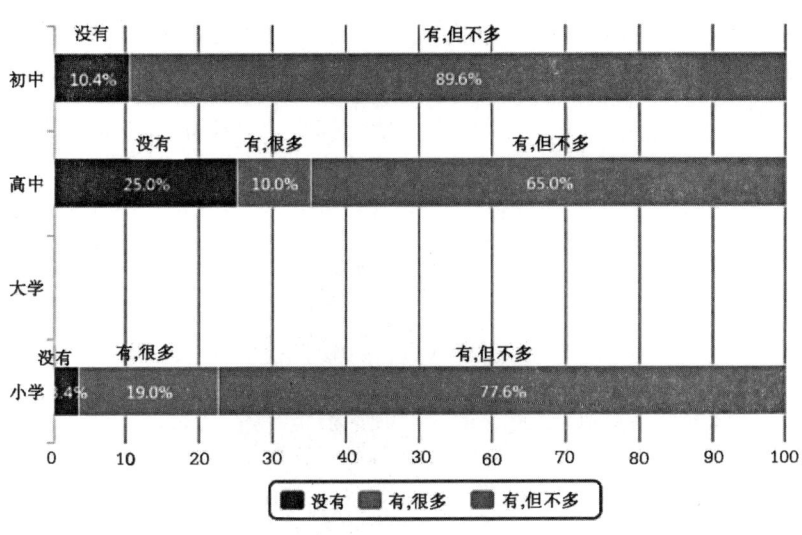

图 4-10 课外朗读作业在不同学级中所占比例

(二)学生层面的呈现

本次调查的学生样本年龄从 6 岁到 25 岁(见图 4-11),性别分布较平均(见图 4-12),学级分布以初中和高中为主,小学和大学为辅(见图 4-13),结论数据具有较高的代表性和可参考性。

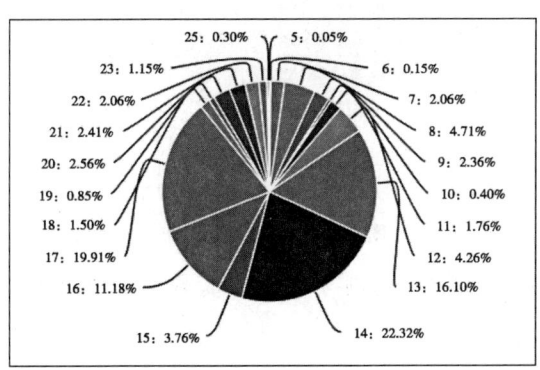

图 4-11 学生年龄分布

从调查问卷的统计结果来看,将近70%的学生选择默读的方式来进行阅读(见图4-14),这个结果并不让人感到乐观。王同学是上海某大学学习经济学的大三学生,在一次朗读推广活动上笔者见到了她,当笔者做完示范性朗读之后,她和笔者有了下面的对话:

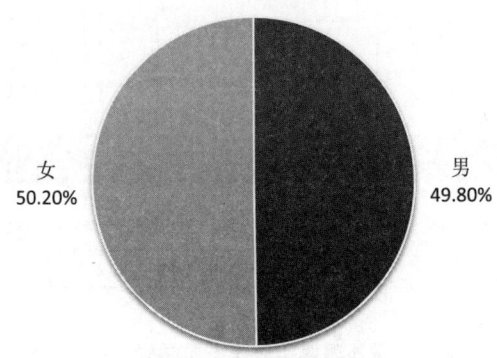

图 4-12　学生性别分布

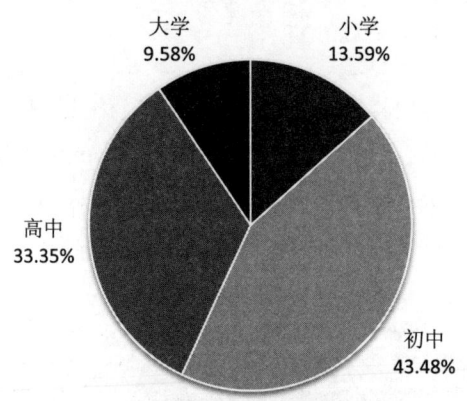

图 4-13　学生学级分布

　　王同学:老师您好,您刚才朗读得真好! 我想向您学习一下,可以吗?

　　笔　者:谢谢! 你喜欢朗读吗?

　　王同学:喜欢,从小就喜欢,我妈妈(在我)小的时候经常给我(朗)读故事,但我没有专门学过,只是自己喜欢。

第四章 朗读教育的现状和朗读教育功能的释放

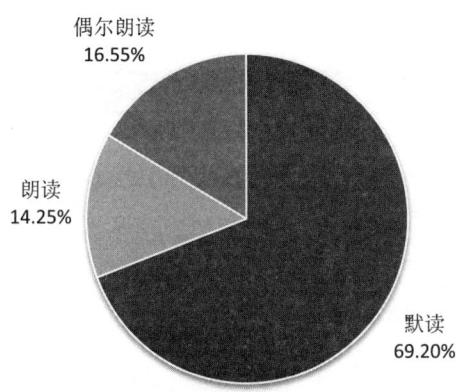

图 4-14 学生喜欢的阅读方式

笔　者：那你平时在学校、在家朗读吗？

王同学：上中学上课的时候（朗）读，老师说我（朗）读得还不错，现在有时候会，不是很多。

笔　者：为什么呢？是突然不喜欢了吗？

王同学：也不是，挺喜欢的。上中学那会儿老师要求训练默读，要求速度，为了考试，要不做不完题，所以慢慢的（朗读）就少了，也习惯了默读，但今天听了（朗读）后，还是觉得自己是喜欢（朗读）的。

在笔者的调研过程中，类似的说法听了不少，而且从调查问卷的结果来看，也证明了很多青少年的朗读习惯是在升入初中之后慢慢消失的，特别是在有升学压力的初中和高中阶段，大部分的学生被训练成为默读的拥趸（见图 4-15）。

喜欢朗读的人都有这种感受，就是在看到一些让自己特别有感觉的文字的时候，会不由自主地读出声来，而且也特别有欲望想要介绍给身边的人看，甚至是读给他们听。而笔者在调研中了解到，没有朗读习惯的学生，不但不会遇到喜欢的文字就想出声读，而且也很难有激情去把这些文字推荐给亲朋好友。学生是否喜欢朗读，以及是否接受朗读是一项非常重要的技能这一观点，取决于以下几个方面：

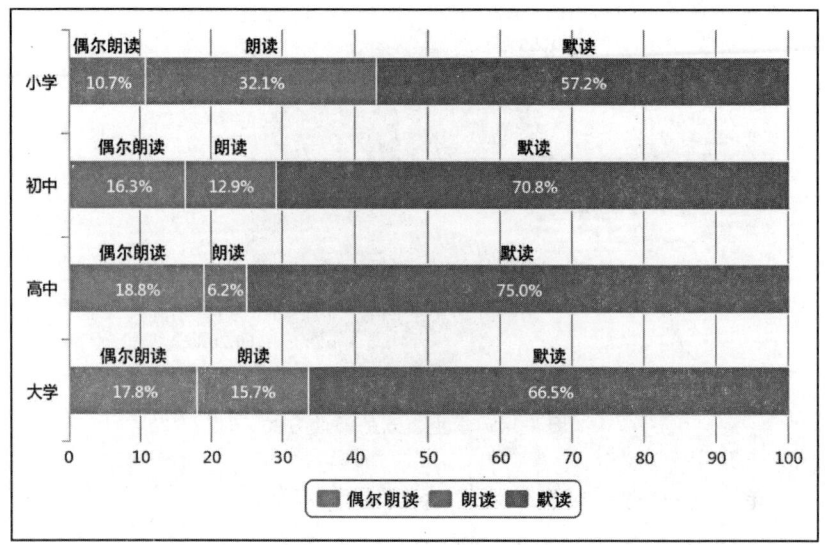

图 4-15　学生学级和阅读方式的喜好对比

1. 来自老师的影响

对青少年来说,老师的角色不光是授业者这么简单,在很多人的青春期,老师的影响某种程度上是超越家长和同学的,成为很多青少年模仿、追随、信赖,甚至崇拜的偶像。北京 B 中学的陈老师的话很有代表性:

笔　者:学生角度呢?

陈老师:学生角度是这样,如果这个语文教师本身很喜欢朗诵,他会给学生很大的影响,但是也不排除这个老师他本身朗读不是很好,但是他的学生朗诵很好。总体上看,一个爱朗诵的老师对学生的影响是大的。

笔　者:现在学生朗读爱好培养更多寄希望于语文老师?

陈老师:整体是这样,个体不是这样。

语文教师朗读能力的高低是否真的影响学生的接受度呢?从图

4-16 我们可以看出,有超过半数的学生对听教师朗读持有保留意见,这其中就有 27.64% 的学生并不是完全排斥,只是根据语文教师的朗读水平选择性接受,说明了语文教师朗读能力的高低是学生是否愿意听的关键因素。

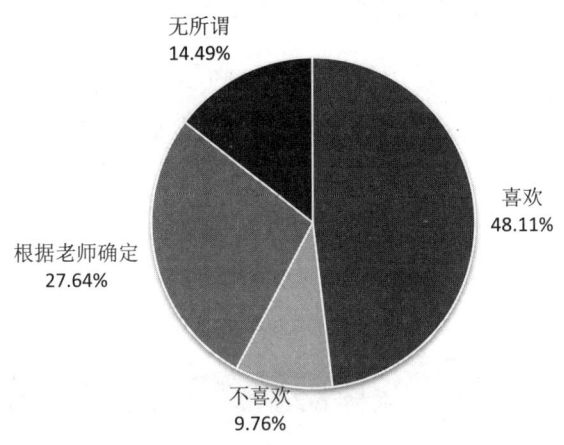

图 4-16 喜欢听老师范读吗?

通过图 4-15 和图 4-17 的对比来看,不管是喜欢以默读形式开展阅读活动的学生,还是喜欢以朗读或偶尔朗读的形式开展阅读活动的学生,都还是比较喜欢听语文教师的朗读示范的(见图 4-17)。

不管怎么说,喜欢听别人朗读就是一个很好的开端,因为前文我们论述过,在对婴幼儿进行开蒙的朗读教育中,"给他读",也就是听觉的接受是第一步,其次才是"自己读"的过程。从图 4-18 可以看出不管哪个学级的学生,都只是极少部分学生表示无论如何都不喜欢听教师的朗读示范。因此,更加可以肯定从师范院校开始,对语文教师就进行系统、科学的引导和训练,形成和提升语文教师的朗读教育素养和朗读实践能力,比单纯地强调青少年学生朗读习惯和朗读能力的培养更加重要和紧迫。

教师对学生朗读方面的明确提倡和要求也很重要,至少有时候比

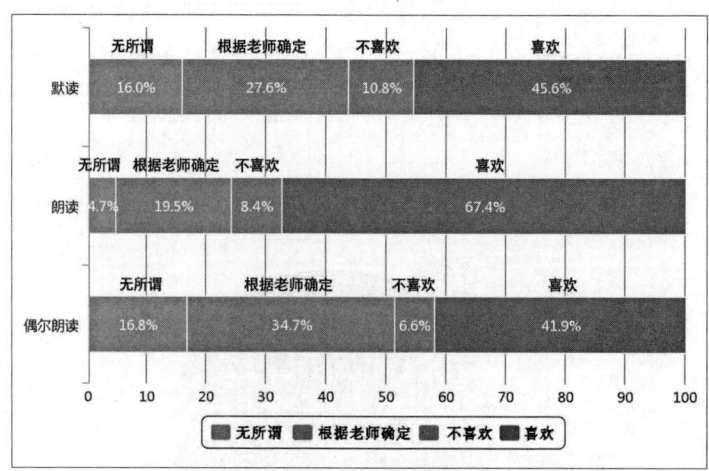

图 4-17　阅读方式和对教师范读喜好的对比

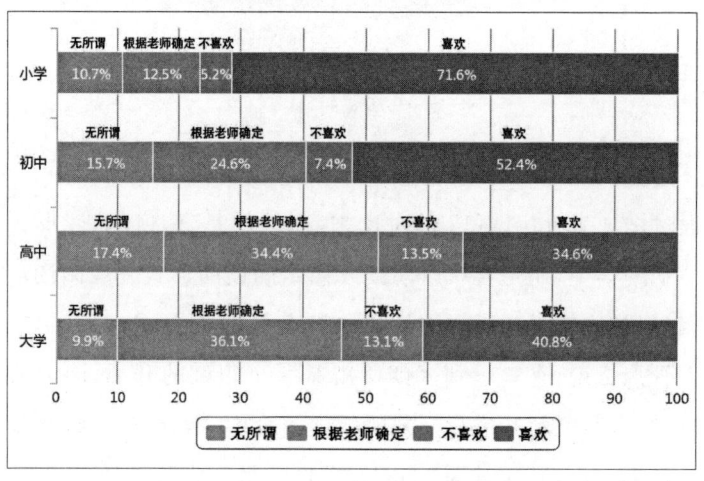

图 4-18　不同学级学生对于教师朗读示范的接受情况

家长的要求更加重要(见图4-19)。值得高兴的是,不管是被动地朗读还是主动地朗读,只有10%左右的学生声称自己"从不朗读",这就是一个很好的基础,说明只要我们引导和启发得及时、合理,青少年朗读教育存在着极大的、短时间就可以见效的扩展和提升空间。

最后,我们来看一堂高中语文课中关于朗读部分的实录,也许可

第四章 朗读教育的现状和朗读教育功能的释放

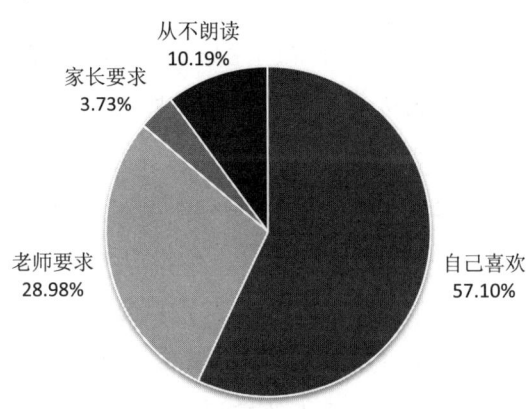

图 4-19　学生进行朗读实践的主要原因

以给我们一些启示。这是北京市某重点高中 D 中学高中二年级的一堂语文课,是课文《春江花月夜》的第二讲,笔者挑出课堂实录中与朗读训练有关的部分,并标注朗读行为实施的学生情况、延续的时间、语文教师的要求、点评和部分同学的反应,【】内粗体字部分是笔者在听课过程中的真实感受。

时间:2013 年 11 月 27 日

地点:北京 D 中学

学级:高二语文课,总长度 40 分钟

授课教师:汪老师

教授课文:《春江花月夜》

13:40,正式上课。

13:41,汪老师要求学生集体朗读全文,朗读结束后,汪老师纠正了诗句"青枫浦上不胜愁"中"胜"字的读音。学生读作(shèng),汪老师解释说在这里应读其古音(shēng)。【学生朗读的声音洪亮、流畅、字音较准,每句诗的断句和朗读节奏均为 2∶2∶3】

13:43,汪老师未对同学们的齐声朗读做任何评价,接着要求/布置同学自己通读(默读形式)5 分钟。

13:48，汪老师指定男生A和女生B分别朗读全文。【男生A声音弱、无理解；女生B有理解、声音大，但文本不熟】

13:51，汪老师指定男生C和女生D分别对男生A和女生B的朗读进行点评。C男生评价：A男生朗读得比较客观，B女生的朗读体现了其对文本理解了；D女生评价：朗读要有情感，所以B女生朗读得好一些。汪老师对两位同学的点评未置可否。【点评的同学有自己的评判标准，但缺乏来自老师的正确引导】

13:53，汪老师开始分析诗作：前16句写景，后20句写人，过程中穿插汪老师的范读。女生E发言表示从诗文中感受到了美。女生F发言表示从诗文中感受到了朦胧，因为有月光。【汪老师的朗读示范对文本有一定的理解，但声音偏弱、字音欠准确】

14:03，汪老师在分析完文章后，启发同学们根据刚才分析的结果去感受，男女生分别集体朗读前16句，要求注意音量调整和虚实音结合，要读出美的感觉。【女生的集体朗读很平淡；男生的集体朗读节奏上有变化，体现出对文本有一定的理解和感受】

14:05，男女生分别集体朗读完毕，汪老师认为不满意，因此要求全班学生再尝试饱含情感地齐读文本前4句。【朗读效果令人索然无味，学生依然捕捉不到感觉，主要是没有具体方法指引，所以表现出了无所适从】

14:06，汪老师对朗读效果依然不满意，认为没有能够体现对文本应该有的理解程度，于是从想象作者张若虚和月亮的交流入手，引导学生体会作者当时的真实感受。分析结束后，要求全体学生再次集体朗读前16句。【能感觉出来，在齐读的开始阶段，部分学生尝试按照自己的想象去还原作者当时的情感状态，因此齐读得有些凌乱，参差不齐，但很快这些有想法的同学就被大多数人的节奏所同化，朗读效果再次呈现出整齐但平淡无趣的状态】

14:08，汪老师听完后还是未置可否，继续分析文本的后20句。

在这一次的分析中,每讲一段,汪老师都会范读一遍,整个讲解过程中,对于情感元素方面汪老师只强调了"哀而不伤"这一点。【汪老师的范读效果和之前无区别,而且"哀而不伤"并没有很好地体现出来】

14:20,汪老师指定男生 G 和女生 H 分别朗读后 20 句,汪老师对 H 女生的朗读效果表示肯定。【G 男生朗读状态不积极,节奏无变化,基本无感受。H 女生朗读的最大特点就是有固定的腔调】

14:22,汪老师要求全班同学集体朗读后 20 句。【女生音量大,部分男生未张嘴。距离笔者最近的一位男生虽张嘴但没有出声】

14:24,汪老师宣布下课,延时 4 分钟。

在汪老师的整节授课中,老师的范读和学生的齐读、分性别读、单人读都有所体现,也穿插了少量的学生点评,并且还因为安排学生们朗读而延迟了下课时间。课后汪老师告诉笔者,整堂课的每一步都是事先备课的时候设计好的,包括每一个步骤所用的时间、提问多少学生、朗读多少遍、分几个层次朗读等。这样的授课结构"看上去很美",但身临其境并稍作分析,就会发现对于朗读教育来说,形式大于内容,虽然学生们确实读了,读的时间也不短,但汪老师缺乏对朗读效果的详细分析、评判,学生读完后依然不知道问题出在哪里,应该怎么去表现情感,什么效果是符合文本内容的。即便有汪老师的示范,但笔者还是能强烈感觉到学生们对于朗读的不知所措。汪老师也和笔者坦承:

我家是四川农村的,来北京这么多年还是有口音。我们那时候上师范还不要求普通话(等级考试),小时候也没什么条件朗读,我自己也觉得自己(朗)读得不是很好(汪老师笑),但是教语文必须要(朗)读,(所以)我尽量更多地去讲解,去启发学生(朗)读,自己少读。我们班的语文成绩不错啊(汪老师笑)!

很明显,相对于笔者听过的擅长朗读的语文教师教授的班级,汪老师班上的学生的确整体朗读兴趣和水平偏弱。语文教师的引领作用很重要,而对朗读效果进行清晰具体的评价也很重要,即便是对朗读有一定兴趣的学生如果总是不能从老师那里得到明确的反馈和指导意见,最终也会因为"意兴阑珊"而渐渐失去对朗读的兴趣。下面是笔者与汪老师班上被指定朗读后20句的男生G同学的课后对话:

笔　者:刚才讲的这首唐诗(《春江花月夜》)喜欢吗?

G同学:还好吧,谈不上很喜欢,可能是理解(的问题)吧。

笔　者:我注意到你起来读的时候,好像不是很情愿。

G同学:(挠头笑)也不是,挺愿意的,怕读不好。其实也不是怕,(因为)不是很明白(诗的意境)吧,不知道该怎么去表现那种东西。

笔　者:汪老师分析了半天啊,你觉得理解上还是有难度?还是说理解了,但不知道怎么用声音去表现?

G同学:可能是吧,挺难的。

笔　者:读这一类的东西,你一直是这么读的吗?有没有老师或者同学专门说你这样读不行?

G同学:没有啊,一直(是)这么读的。(老师)只是要求我们要读得流利,别读错别字,我也说不好。

笔　者:你觉得你喜欢朗读吗?

G同学:还好吧,原来挺喜欢的,上小学的时候挺喜欢读的。(笔者:现在呢?)现在一般吧,上课也不教(朗读),好像也没人关心(朗读),考试也不考。

笔　者:那你听别的同学读得怎么样?

G同学:还好吧,都挺好的(微笑)。

2. 来自家长的影响

人们常说父母是孩子的第一位老师。从广义上讲,孩子最早的老师不光是父母,也包括爷爷奶奶、姥姥姥爷,甚至亲戚朋友等在内的所有家庭成员。尤其是我国目前大多数家庭只有一个孩子,最常见的情况是,一个家庭里,六个大人围着一个孩子转,这些伴随着孩子成长的家庭成员都会对孩子产生很大的影响。在这些家庭成员中,如果存在有朗读习惯,并且朗读能力较强的人的话,孩子很容易对朗读发生兴趣,而且这种兴趣不但会保持终生,还有可能代代相传。

笔者为家长设计的问卷中,考察了家长的朗读习惯与他们的父母之间有何联系,而这种习惯是否可以传递到自己的孩子身上。

先来了解一下被调查家长的一些基本情况。在1 000多位来自五湖四海的家长中,男家长占41.36%,女家长人数稍多,占到了58.64%(见图4-20)。所有家长中,大学专科学历层次以上的家长占总数的39.47%(见图4-21)。被调查家长的孩子中,男女比例分别为46.96%和53.04%(见图4-22),所读学级的比例分布依次是大学13.26%,高中22.69%,初中39.69%,小学24.36%(见图4-23)。虽然不能因为调查结果显示女性家长人数多过男性家长,就肯定地认为家庭当中负责孩子学习的都是母亲,但在实际生活中,母亲具体负责孩子的学习和成长的比例的确比父亲要高一些。而且现代科学研究表明,母亲对人在青少年阶段的习惯、兴趣、思想品德、接人待物的基本态度等方面的影响更大一些。

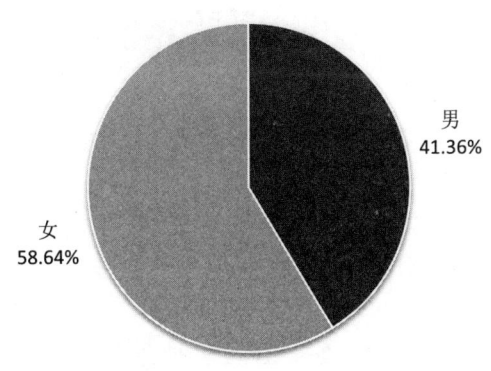

图4-20　家长的性别分布

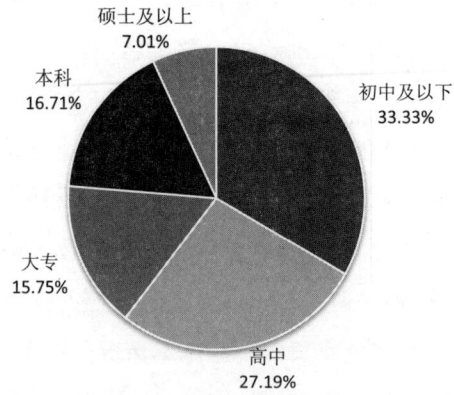

图 4-21 家长的受教育程度

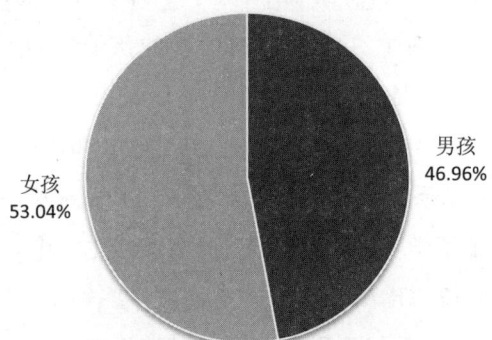

图 4-22 被调查家长对应的孩子性别分布

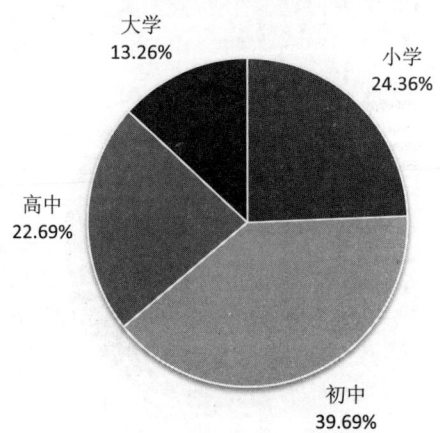

图 4-23 孩子所在学级分布

第四章 朗读教育的现状和朗读教育功能的释放

我们现在就来了解一下朗读习惯的传承问题。调查结果显示,有68.63%的家长表示喜欢朗读(见图4-24),而在回答"你的父母朗读吗?"和"你的父母给你朗读吗?"这两个问题时,分别有40.45%(见图4-25)和38.63%(见图4-26)的家长选择了肯定的答案。

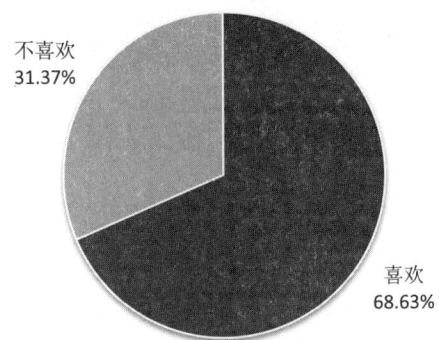

图 4-24　家长版:你喜欢朗读吗?

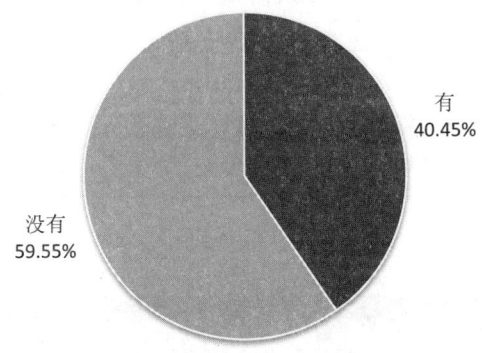

图 4-25　家长版:你的父母朗读吗?

笔者希望通过上面数据的比对,探究一下被调查家长的父母的朗读习惯和做法是否对这些孩子构成直接的影响。先来看看父母喜欢朗读与孩子喜欢朗读之间的联系。从图4-27我们可以清楚地看到,在喜欢朗读的家长中,有53.7%的家长其父母有朗读习惯,而不喜欢朗读的家长中,其父母也没有朗读习惯的占到了88.4%,可以得出结论,有朗读习惯的家长不一定会影响到孩子朗读习惯的养成,但如果

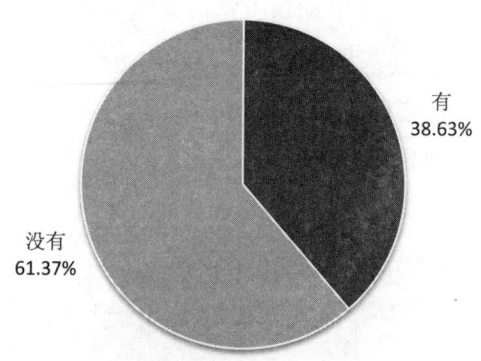

图 4-26　家长版:你的父母给你朗读吗?

家长不喜欢朗读,那孩子具有朗读习惯的可能性几乎为零。由此可见,家长没有朗读习惯对其子女养成朗读习惯的消极作用,或者说负面作用更明显一些。那么家长主动给孩子朗读,这种直接作用于孩子身上的行为又对孩子朗读习惯的形成有什么影响呢?

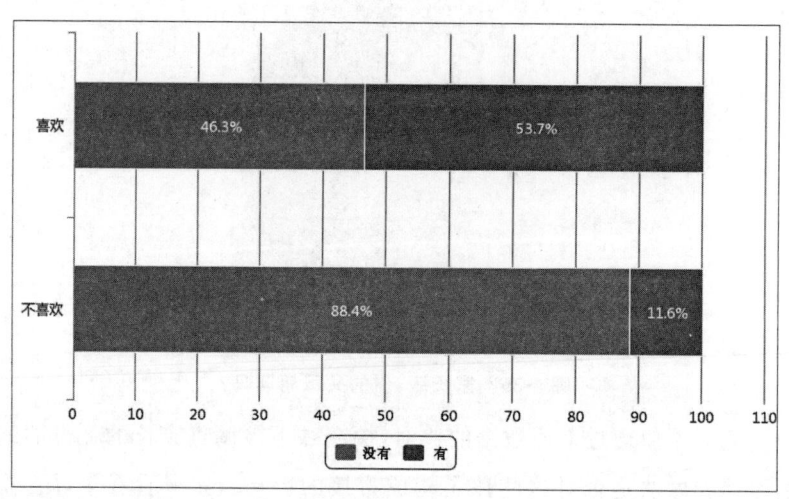

图 4-27　家长是否喜欢朗读和其父母是否朗读的比对图

第四章　朗读教育的现状和朗读教育功能的释放

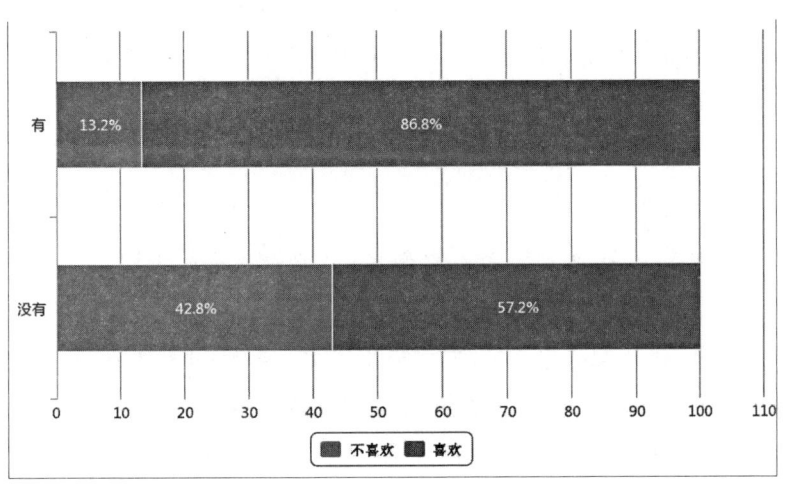

图 4-28　家长喜欢朗读与否与其父母是否给他朗读的关系

图 4-28 中,因为父母给自己朗读而喜欢朗读的家长占到了 86.8%,而因为家长不给自己朗读而不喜欢朗读的占到了 42.8%,充分说明了家长给孩子朗读的行为,对孩子是否喜欢朗读,是否能够养成朗读的习惯具有积极的、正面的影响,而且这种影响非常明显。

这一点在笔者对部分大中小学生的采访中,表现也比较明显:

(1)北京 B 中学高二男生高同学。

笔　者:你为什么喜欢朗读?

高同学:我的父母都是学播音的,他们总在家里朗读,从小耳濡目染吧,从小接触比较多,也比较关注朗读,喜欢参加(朗读活动)。

(2)北京 B 中学高一女生曾同学。

笔　者:你是怎么喜欢上朗读的?

曾同学:妈妈是语文老师,小时候喜欢听乔榛、丁建华朗诵的磁带,妈妈会给我放,有时候也会读给我听。班里、年级里有(朗读)活动也会主动参加,自己平时喜欢朗诵。

（3）广东某大学本科二年级男生宋同学（工科学生，2013年来京参加第十五届齐越朗诵艺术节暨全国大学生朗诵大会，与同学搭档一首作品，进入复赛）。

笔　　者：很多人都觉得工科生不喜欢朗诵，那你是因为什么原因，从什么时候开始喜欢朗诵的？

宋同学：可能是我爸爸的影响吧，他老给我讲故事，也带着我读书。小学开始爱"显摆"，读什么东西都很积极，因为声音洪亮，所以老师老表扬，就越来越喜欢了，有朗诵比赛都会参加；中学参加过两次比赛，得了一等奖，更有信心了；高中时候是学校演讲社社长，平时会发题目（给）大家（用）一周（时间）准备一起演讲，社员不多；现在我们学校有朗诵社团，我是副团长。这次是我们第一次参加"齐越节"，高手太多了，确实有差距，不过能进复赛很开心了。

笔　　者：那你身边的同学喜欢朗诵的人多吗？你们朗诵社团人多吗？

宋同学：不是很多，我们社团有20多个人，很多同学不太关注朗诵，兴趣不大，自己可能也没朗诵过，觉得朗诵没什么用。

（4）北京市朝阳区E中学初一女生王同学（参加该校初中部朗读展示活动后接受笔者采访，笔者在该中学蹲点调研时，曾受邀担任上述朗读展示活动的评委）。

笔　　者：同学你好，能告诉我你为什么喜欢朗读吗？

王同学：小学每天上学会听电台广播，喜欢里面主持人的声音和说话方式。小学三四年级（时），新换的语文老师给过（我）一次鼓励，（我）开始下意识想读好。

笔　　者：你的爸爸妈妈在家里会给你朗读吗？

王同学：他们不会，但爸爸妈妈很支持我（朗读）。

笔　　者：你朗读的时候开心吗？

王同学：开心，在课堂上朗读时，（我）会以自己的理解把大家都震住。

(哈哈大笑)我会在操场和家里(朗)读,有时候高兴了就会想大声读。

可见父母家人的朗读习惯、对朗读活动的支持,以及针对孩子有意识地给予朗读教育,都会对青少年的朗读行为产生重要的影响,甚至有时候是决定性的影响。

既然我们已经得知家长的朗读教育意识和朗读教育实施能力直接影响孩子的朗读意识、兴趣、习惯和能力,那么,为了更好、更有针对性地进行研究工作,根据不同的性别、年龄、职业、受教育情况以及孩子所读的不同学级,交叉对比一下所对应的家长群体的朗读教育意识和呈现特征,就非常有必要了。

(1)家长是否喜欢朗读与性别差异的关联度在女性家长身上体现得并不明显,但在男性家长身上就体现得较为明显了,男性家长里不喜欢朗读的人数远远多于喜欢朗读的人数(见图4-29)。

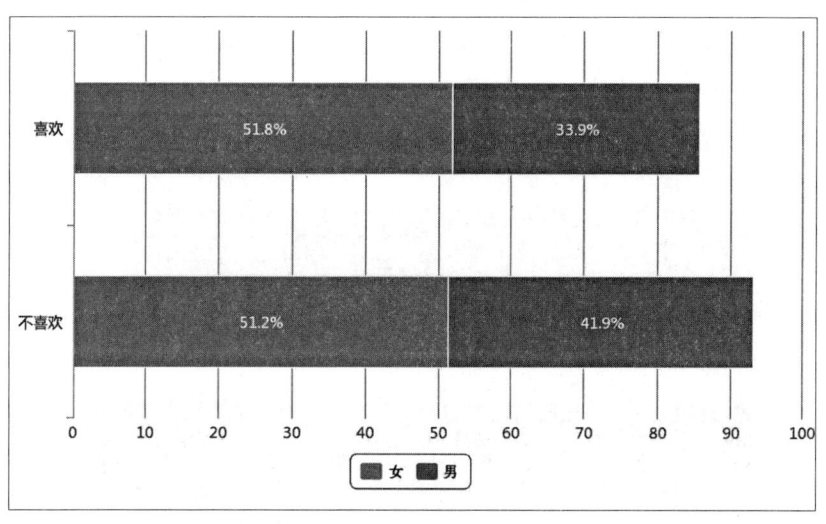

图4-29 家长版:是否喜欢朗读与性别的关系

(2)家长是否喜欢朗读与其职业差异的关联性也不明显(见图4-30)。

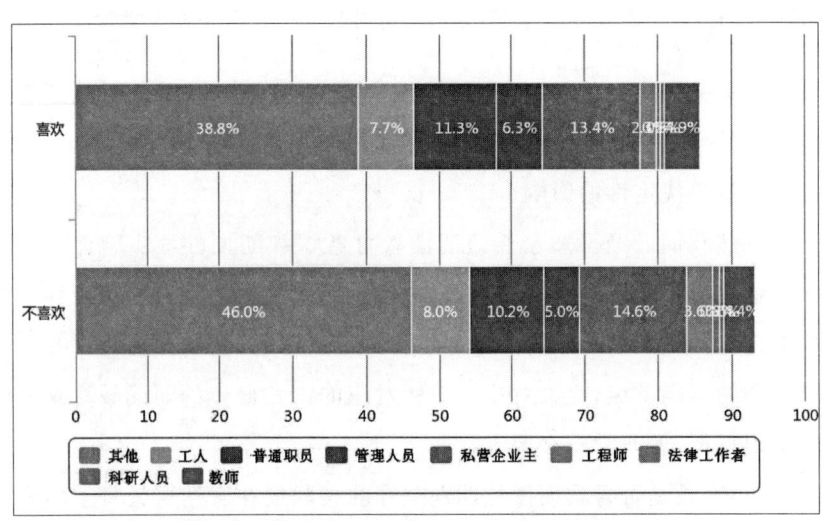

图 4-30　家长版：是否喜欢朗读与职业的关系

(3)家长是否喜欢朗读与其受教育程度差异的关联在受过高中及以上教育的家长群体中并不明显,但初中及以下学历层次的家长中,不喜欢朗读的人数就比喜欢朗读的人数多不少了(见图 4-31)。

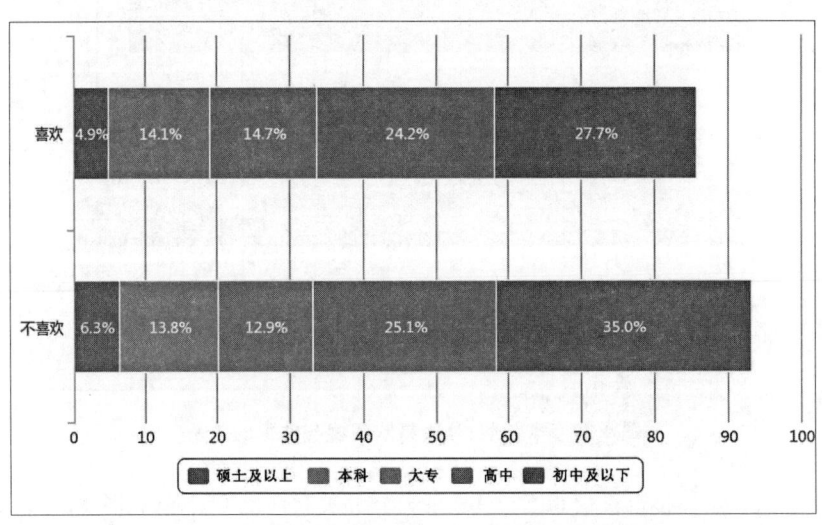

图 4-31　家长版：是否喜欢朗读与受教育情况的关系

(4)家长是否喜欢朗读与其子女所读学级差异的关联在初中学生家长和大学学生家长群体上体现得并不明显,但高中和小学学生家长的差异就很明显了(见图4-32)。高中学生的家长不喜欢朗读的人数比例高一些,而小学学生的家长喜欢朗读的人数比例则要高不少。

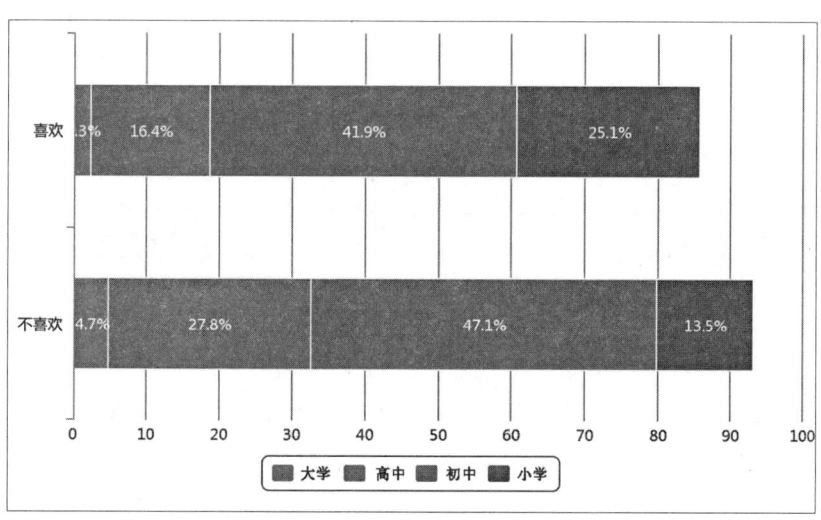

图 4-32　家长版:是否喜欢朗读与其子女所读学级的关系

如果对图4-32进行深入分析就会发现,统计结果可以间接地说明家长喜欢朗读与否和年龄存在一定的关联性。整体来看,现在正在读小学的学生,其家长普遍是20世纪70年代中后期生人,而目前正在读高中的学生的家长普遍是60年代中后期生人,群体年龄差距在10岁左右。这里有必要对这两个家长群体在小学阶段所接受的特殊的差异性语文教育对其朗读启蒙和能力培养所形成的不同结果着重说明一下。生于60年代中后期的家长们,读小学的时候应该是70年代初、中期,也就是"文革"的后期。根据《新中国中小学教材建设史

(1949—2000)研究丛书·小学语文卷》①记载,那时人民教育出版社刚刚得以重建(1972年7月),为了遏制和扭转"四人帮"对小学语文教材毁灭性的"改造",人教社在人手短缺的情况下,匆匆编写了一套小学语文教材,因为种种原因,这套教材的内容存在着一定的缺陷,而且出版之后全国也只有19个省市采用。因此,那个时代的小学生并没有接受很好的朗读教育启蒙和训练。到了1977年,在邓小平同志的要求下,教育部开始组织"文化大革命"后第一套全国通用教材的编写工作,并于1978年1月和2月先后颁布了"文革"之后第一个全国统一的《全日制十年制中小学教学计划试行草案》和《全日制十年制学校小学语文教学大纲(试行草案)》,确立了小学语文教学的科学性、系统性的指导意见。新版教材于1978年2月出版第一册,直到1980年6月,该套教材十册全部出齐。在这套教材的编写过程中,叶圣陶、吕叔湘、蒋仲仁、严文井、钱学森、高士其等一批教育名家、教材编写名家、文学家、科学家都参与其中,保证了这套教材的高质量、科学性和创新性,其中,"读写例话"和"习作例文"这两种新的形式就是我国小学语文教材发展史上的一个创举,为语文教学中对学生进行"读"和"写"的训练摸索出了一个系统,用课文的形式固定下来,使培养学生的读写能力有了一定的规范。"据说,在编写过程中,把编写人员聚集起来,一篇一篇地出声朗读,根据'文本于语'的原则,一边读,一边改,改了再读,再改。"②因此,按照这套教材接受小学语文教育的70年代中后期出生的家长们,自然有着较好的朗读启蒙教育,从而相较于前者,能具有较强的朗读兴趣和习惯也就顺理成章了。

---

① 课程教材研究所.新中国中小学教材建设史(1949—2000)研究丛书:小学语文卷[M].北京:人民教育出版社,2010.
② 课程教材研究所.新中国中小学教材建设史(1949—2000)研究丛书:小学语文卷[M].北京:人民教育出版社,2010:157.

第四章 朗读教育的现状和朗读教育功能的释放

3. 来自个人喜好的影响

现代科学研究表明,人的性格因素部分来源于基因遗传,但所占比例很小,更多的性格因素,包括大多数的兴趣爱好都是人在后天成长过程中,受到环境、人为等因素影响而养成的。朗读的兴趣和习惯,就基本属于后天养成部分。刚才我们已经证明了来自教师、家长等客观环境的因素都可以影响青少年朗读兴趣和习惯的培养,以及朗读能力的建立与提升。这些外部的影响力在时间隧道里,潜移默化地塑造着青少年的脾气秉性、思想维度、品德操守、人生追求、价值取向、生活喜好、处事方式等,具体到朗读行为上,就形成了青少年对朗读的个人喜好。

前文中,通过图 4-8 我们知道目前设立朗读兴趣小组的学校和班级很少,被调查的语文教师声称只有大约 33.33% 的班级设有此类兴趣小组,那么接近 70% 未开设相关兴趣小组的学校或者班级,只是因为相关教师或者是所在学校没有去做这项工作吗?还记得有 40% 多的学生表示过不喜欢朗读,或者只是不得已而被动地朗读吗(见图 4-19)?学生自身对朗读兴趣不高恐怕也是无法回避的事实。尽管我们一直在强调有很多原因在干扰和影响青少年对朗读的兴趣和热情,但不可否认,青少年自身的兴趣点没有被很好地调动起来也是重要原因之一。我们假设所有的学校和班级都设有朗读兴趣小组,学生是否愿意参加呢?

必须承认,在看到调查结果的一瞬间,笔者大吃一惊。只有四分之一多点的学生明确地表示希望参加,还有三成多的学生持坚决的排斥态度,如果再加上 37.25% 持无所谓态度的学生,总计有超过 70% 的学生对朗读兴趣小组不感兴趣(见图 4-33),至少不是很感兴趣。那么不喜欢朗读,也不参加朗读兴趣小组的同学会不会喜欢听别人的朗读呢?那些朗读能力强的同学会对身边的同学带来正面的影响吗?在回答"你羡慕朗读好的同学吗?"这道问题时,也只有不足 40% 的同

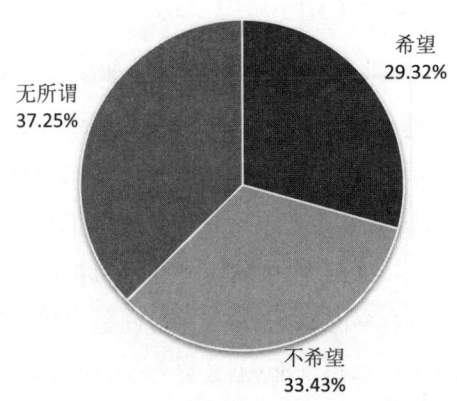

图 4-33　学生版：你希望参加朗读兴趣小组吗？

学会觉得朗读好的同学对自己有一定的触动和影响（见图 4-34）。对比看 4-33 和 4-34 这两幅图可以发现，不喜欢参加朗读兴趣小组和不羡慕朗读好的同学的学生比例竟是如此接近，也就是说对于坚决排斥朗读的青少年群体而言，他们的态度是非常坚定的，朗读兴趣小组和身边擅长朗读的同学都不会对其产生影响和干扰。

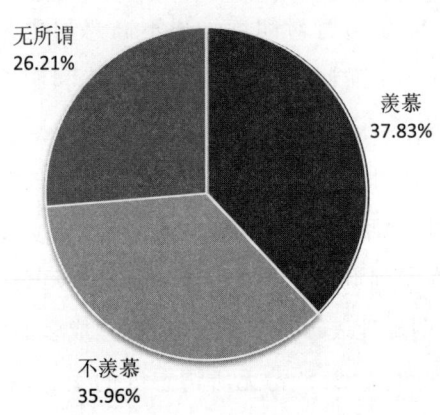

图 4-34　学生版：你羡慕朗读好的同学吗？

哪个学级的学生最不希望参加朗读兴趣小组呢？答案是高中学生，有将近一半的高中生不希望参加这种兴趣小组，而小学生和大学生中希望参加此类兴趣小组的学生比例最高(见图 4-35)。这是因为高中学生的升学压力太大了吗?笔者找到了一份山东省青岛市第二中学 2012—2013 学年第二学期的学生作息时间表,供大家参考(见表 4-2)。

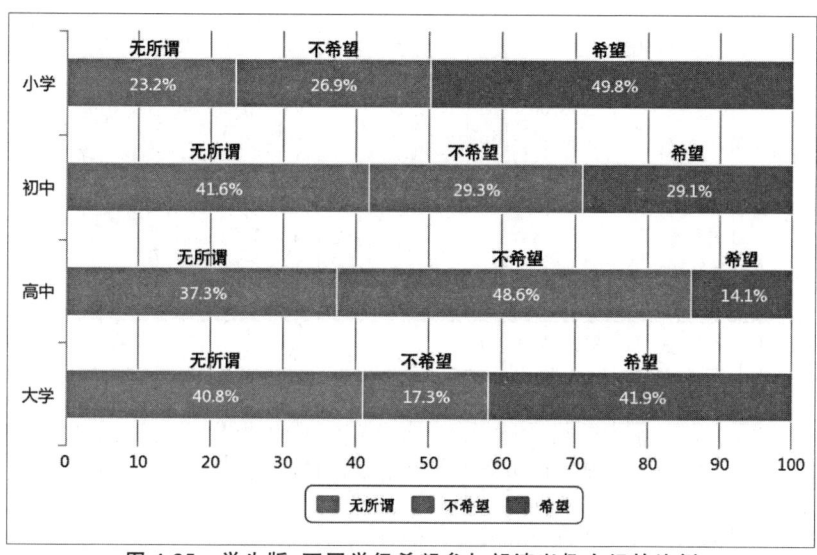

图 4-35　学生版:不同学级希望参加朗读兴趣小组的比例

表 4-2　青岛二中学生 2012～2013 学年第二学期作息时间表①

时间	早晨	上午	中午	下午	晚间
周一	起床:6:30 洗漱、整理内务、公共值日:6:30—7:00 早饭:6:30 关闭宿舍:7:10	班会:7:50—8:40 第二节:8:50—9:30 第三节:9:40—10:20 第四节:10:30—11:10 第五节:11:20—12:00	午饭:12:00 午休:12:41—13:30	预备铃:13:35 第一节:13:45—14:25 眼保健操:14:25—14:30 第二节:14:40—15:20 第三节:15:30—16:10 阳光体育:16:20—17:20 晚饭:5:30	第一节:18:30—19:30 第二节:19:45—20:45 第三节:21:00—22:00 熄灯:22:25

---

① 青岛二中教务处.2012—2013 学年第二学期作息时间[EB/DL].[2014-03-09].山东省青岛第二中学官方网站.http://60.209.80.230/zy/zuoxi.htm.

续表

时间	早晨	上午	中午	下午	晚间
周二~周四	起床：6：30 洗漱、整理内务、公共值日：6：30—7：00 早饭：6：30 关闭宿舍：7：10 班级早会：7：10—7：30	第一节：7：40—8：20 第二节：8：30—9：10 第三节：9：20—10：00 课间操：10：00—10：30 第四节：10：30—11：10 第五节：11：20—12：00	午饭：12：00 午休：12：40—13：30	预备铃：13：35 第一节：13：45—14：25 眼保健操：14：25—14：30 第二节：14：40—15：20 校本课程：15：30—16：10 阳光体育：16：20—17：20 晚饭：5：30	第一节：18：30—19：30 第二节：19：45—20：45 第三节：21：00—22：00 熄灯：22：25
周五	起床：6：30 洗漱、整理内务、公共值日：6：30—7：00 早饭：6：30 关闭宿舍：7：10 班级早会：7：10—7：30	第一节：7：40—8：20 第二节：8：30—9：10 第三节：9：20—10：00 课间操：10：00—10：30 第四节：10：30—11：10 第五节：11：20—12：00	午饭：12：00	第一节：13：00—13：40 眼保健操：13：40—13：45 第二节：13：55—14：35 第三节：14：45—15：25 周末大舞台及教师艺体活动：15：30—17：30	

  山东省青岛市第二中学是山东省规范化学校，一直被认为是青岛市区最好的中学，笔者的六年中学生活都在这所学校度过。2000年，青岛二中新校址正式启用，并改为只有高中学级的中学，学生实行建议住校制。笔者在此就读高中时，学业压力远没有现在大，那时的学生课余生活非常丰富，不光是学习成绩在全市拔尖，其他的特长才艺在青岛市也是很出名的。现在回想起来，那时学生的多才多艺除了自身爱好和家庭熏陶外，与学校和老师的教育思路、培养模式以及拥有较为充沛的课余时间密切相关。高三的学习生活相对于其他年级总是紧张一些，但也没影响那时二中的高三学生们在自己的兴趣爱好领

域里幸福畅游,这其中也包括朗读教育。北京广播学院,即现在的中国传媒大学所拥有的播音主持专业,因其独特的专业需要,对考生的语音面貌、朗读能力、口语表达水平等方面均有较高的要求,在国内大学还没有进行扩招的 20 世纪 90 年代中后期之前,学生考入该专业是很困难的。而青岛二中从 1990 年开始,每两年就有一位高三毕业生考入该专业,1994 和 1995 年,更是连续两年都考入两名学生,这和学生朗读兴趣和朗读能力的培养有很大的关系。根据笔者的调查,如今青岛二中高中学生的课外活动情况在全国来说远不是最糟糕的,至少从表面看来该校还有 50 多个学生社团。北京某全国知名中学,其高中学生每天的课程要持续到晚上 10:40 才能结束;而在京郊某区一所著名中学里,高中学生的课外时间已经被压缩到了极致,学生从早上 6 点半开始一天的学习,直到晚上 11 点钟就寝,这中间除去三餐、早操和洗漱的时间,其他时间都用在了与高考直接相关的课程学习上。而这些现象在全国各省份是非常普遍的。

　　高中学生对朗读没有兴趣,学业压力固然是重要影响因素,但由这一因素衍生出的若干相关联因素最终造成了学生对朗读兴趣的缺失。通过前文对青少年身心特征的了解得知,一旦某种兴趣爱好消失殆尽,再重新进行培养就会变得很难。如何跨越高考独木桥对高中生来说几乎就是生活的全部,而中考指挥棒对初中生来说是人生面临的第一份"生存压力"。在图 4-36 中我们看到,初中和高中学生对朗读的漠然也最为明显。

　　青岛 A 中学的蒋老师对上述状况感受非常明显:

笔　　者:从小学到初中,孩子的表达欲望变弱了么?

蒋老师:随着年龄的增长,孩子知道害羞了。我教的两个班,一个班的孩子就很活跃,另一个班很安静,和环境有关系。而且随着初一初二初三年级的逐渐变化,孩子变得越来越不爱说,因为他们面临升学压力。

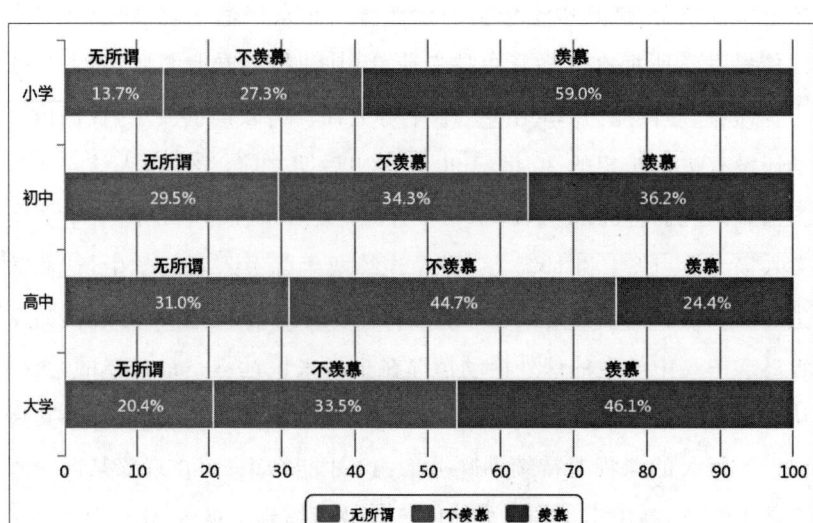

图 4-36　学生版：不同学级学生对朗读好的同学的羡慕程度

年龄的增长导致性情的变化固然是原因之一，但学业压力更是一道难以逾越的屏障。如何培养青少年的朗读兴趣很重要，如何保持和加强青少年的朗读教育意识更加重要。对于这个问题，需要包括教育主管部门、教材编写机构、教育研究人员、朗读研究人员、学校、老师和家长在内的所有相关者达成共识、协调发展、共同努力才能够从根本上予以解决。

4.来自课程标准和相关教材教辅的影响

(1)课程标准对朗读教育的描述以及实施建议。

目前正在指导中小学语文教学实践的《义务教育语文课程标准(2011年版)》和《普通高中语文课程标准(实验)》，都分别在前言部分明确指出了语文课程的重要性："语言文字是人类最重要的交际工具和信息载体，是人类文化的重要组成部分"，"语文是最重要的交际工具，是人类文化的重要组成部分"。相较于之前的版本，两份课程标准也都对朗读的教育功能、朗读教学的重要性，以及朗读实践的步骤和要求做出了更为直观、详细的描述、指导和建议。笔者将两份课程标准中与朗读相关的描述挑选出来列成表格,这样可以看得更清楚一些(见表格4-3)。

表4-3 两份语文课标中有关朗读的摘录

	课程基本理念	语文学习应注重听说读写的相互联系,注重语文与生活的结合,注重知识与能力、过程与方法、情感态度与价值观的整体发展。
义务教育语文课程标准(2011年版)	学段目标与内容	第一学段(1—2年级)要求: 2.学习用普通话正确、流利、有感情地朗读课文。 5.诵读儿歌、儿童诗和浅近的古诗,展开想象,获得初步情感体验,感受语言的优美。
		第二学段(3—4年级)要求: 1.用普通话正确、流利、有感情地朗读课文。 6.诵读优秀诗文,注意在诵读过程中体验情感,展开想象,领悟诗文大意。
		第三学段(5—6年级)要求: 1.能用普通话正确、流利、有感情地朗读课文。 7.诵读优秀诗文,注意通过语调、韵律、节奏等体味作品的内容和情感。
		第四学段(7—9年级)要求: 1.能用普通话正确、流利、有感情地朗读。 9.诵读古代诗词,阅读浅易文言文,能借助注释和工具书理解基本内容。注重积累、感悟和运用,提高自己的欣赏品位。
	教学建议	重视学生读书、写作、口语交际、搜集处理信息等语文实践,提倡多读多写,改变机械、粗糙、烦琐的作业方式,让学生在语文实践中学习语文,学会学习。善于通过专题学习等方式,沟通课堂内外,沟通听说读写,增加学生语文实践的机会。
		各个学段的阅读教学都要重视朗读和默读。各学段关于朗读的目标中都要求"有感情地朗读",这是指,要让学生在朗读中通过品味语言,体会作者及作品中的情感态度,学习用恰当的语气语调朗读,表现自己对作者及其作品情感态度的理解。朗读要提倡自然,要摒弃矫情做作的腔调。
	评价建议	能用普通话正确、流利、有感情地朗读课文,是朗读评价的总要求。根据阶段目标,各学段的要求可以有所侧重。评价学生的朗读,可从语音、语调和语气等方面进行综合考查,评价"有感情地朗读",要以对内容的理解与把握为基础,要防止矫情做作。 诵读的评价,重在提高学生的诵读兴趣,增加积累,发展语感,加深体验和领悟。在不同学段,可在诵读材料的内容、范围、数量、篇幅、类型等方面逐渐增加难度。

续表

	附录1 关于优秀诗文背诵推荐篇目的建议	《全日制义务教育语文课程标准》要求学生背诵古今优秀诗文,包括中国古代、现当代和外国优秀诗文,具体篇目可由教科书编者和任课教师推荐,这里仅推荐古诗文135篇(段)。其中1—6年级75篇,7—9年级61篇。1—6年级的背诵篇目都是诗歌;7—9年级的篇目,除诗歌外,也选入了一些短篇散文。这些诗文主要供学生读读背背,增加积累,在教科书中可做不同的安排,不必都编成课文。
普通高中语文课程标准(实验)	课程目标	必修课程"阅读与鉴赏"关于朗读的要求: 5.能用普通话流畅地朗读,恰当地表达出文本的思想感情和自己的阅读感受。 9.诵读古代诗词和文言文,背诵一定数量的名篇。(可参考附录一《关于诵读篇目和课外读物的建议》) 选修课程关于朗读的要求: 4.朗诵小说或表演剧本的精彩片段,品味语言,深入领会作品内涵,体验人物的命运遭遇和内心世界,把握人物的性格特征。
	教学建议	必修课程"阅读与鉴赏"要求学生精读一定数量的优秀古代散文和诗词曲作品,教师应激发学生诵读的兴趣,培养学生诵读的习惯。 选修课程"诗歌与散文"可通过多种途径帮助学生阅读和鉴赏,如加强诗文的诵读,在诵读中感受和体验作品的意境和形象,得到精神陶冶和审美愉悦;提倡举办诗歌散文朗诵会,组织文学社团,创办文学刊物,积极向校内外报刊投稿。 选修课"诗歌与散文"可通过写读书报告、读书札记、评论鉴赏文章、举行朗诵表演等具体成果考查学生的诗歌散文鉴赏水平。 选修课程"小说与戏剧"评价的基本要求和"诗歌与散文"大致相同。
	关于诵读篇目和课外读物的建议	关于诵读篇目提出如下建议: 先秦散文,如荀子《劝学》、庄子《逍遥游等》; 唐宋散文,如韩愈《师说》、杜牧《阿房宫赋》、苏轼《赤壁赋》等; 《诗经》,如《氓》等; 楚辞,如《离骚》等; 唐诗,如李白《蜀道难》、杜甫《登高》、白居易《琵琶行》、李商隐《锦瑟》等; 唐宋词,如李煜《虞美人》(春花秋月何时了)、苏轼《念奴娇》(大江东去)、辛弃疾《永遇乐》(千古江山)等; 白话诗文,由教科书编者和任课教师推荐。
	选修课程举例	课程举例一:唐诗选读 加强诵读涵泳,在诵读涵泳中感受作品的意境和形象,获得情感的体验、心灵的共鸣和精神的陶冶。

通过表4-3可以了解到,两份语文课程标准都提到了语文教学一直提倡的听、说、读、写并重的理念,小学和初中语文新课标分别在"课程基本理念""学段目标与内容""教学建议""评价建议"和"附录"等部分给出了与朗读相关的表述;高中语文新课标分别在"课程目标""实施建议"和"评价建议"等部分给出了相关表述,这体现了中小学语文新课标对朗读教育和朗读功能的高度认可。

但如果仔细研读就会发现,两份新课标对于朗读教育的目标、要求、评价标准和教学建议等层次的描述和指导意见依然稍显粗放,语文教师和学生在朗读教学实践中还是缺乏准确的遵循标准和细则。例如义务教育的四个学段,对于朗读的目标要求均为"能用普通话正确、流利、有感情地朗读课文",并没有根据学生年龄、阅历、理解能力和学习能力的增长而出现相应的变化。如果说这个标准在义务教育的第一学段使用的话,那对于义务教育的第四学段,也就是初中学生来讲就明显偏低了。义务教育有关朗读的评价建议部分,提出了"可从语音、语调和语气等方面进行综合考查,评价'有感情地朗读',要以对内容的理解与把握为基础,要防止矫情做作"的评价标准,那么怎样从语音、语调和语气方面考查?怎么就是有感情地朗读?如何能够做到在对内容的理解与把握的基础上进行朗读?普通高中阶段要求"能用普通话流畅地朗读,恰当地表达出文本的思想感情和自己的阅读感受",那怎样读就可以表达出文本的思想感情呢?从具体操作层面上看,课程标准对如何解决这些问题还是没有提供答案,因此,这种泛泛的要求和建议显然不能成为朗读教学实践的可操作性指导方案。青岛市某区教育研究发展中心的小学语文教研员袁老师也谈到了这个问题:

笔　者:在新课标中有没有对朗读的具体要求?比如一二三年级的孩子读到一个什么样的标准或者说水平?

袁老师:有总目标但没有阶段性的目标,也没有具体的目标内容。

笔　者:总目标是什么?

袁老师:总目标就是正确、流利朗读,有感情朗读课文,基本上就是这样的。没有说要读到什么程度。

笔　者:也就是说如果我们把这句话分解开的话,要求读得流利、正确和有感情。

袁老师:对。

笔　者:那在教学实践中有没有这样细化地要求过学生?

袁老师:我们在教学当中备课,一般有经验的老师能够(掌握)针对哪一个文本可以训练到什么程度,也有的老师可能还是笼统理解正确、流利、有感情。

　　两份课程标准中都有对于教材的编写建议和指导意见,但在选文标准的描述中都没有涉及课文可朗读性的相关要求和考虑。我们都知道,并不是所有的文本都适合朗读,在教材编写过程中应该考虑文本可朗读性强弱的因素。从古至今我国文学宝库中的瑰宝非常多,在语文教材中选择既适合朗读,又符合其他选文条件的文本应该不是难事。

　　目前无论是小升初的直升,还是中考和高考,都没有关于朗读的考试要求,也没有任何关于口语的考试内容。在两份语文课标中,对于朗读的要求和评价标准更多地属于提倡"应该去做"的"软性要求",而不是"必须去做"的"硬性要求"。这就不难理解为什么朗读教育在学校教学实践中缺乏有力的政策支撑和智力支持了。

(2)课标中对朗读文本的推荐和使用指导。

　　前文中,我们曾重点论述过朗读教育可以引导和促使青少年建立正确的人生观、价值观和世界观,养成良好的思想修养和精神品格,形成和提升审美素养及对美的追求,认同和热爱祖国文字和中华文化,从而为学生的全面发展和终身发展打下基础。这样的观点在两份课程标准中也可以见到,而且两份课程标准还推荐了一些用来进行朗读

第四章 朗读教育的现状和朗读教育功能的释放

教育的文章和篇目。看上去很丰富,也足够强调了,但这样是不是就可以了呢?笔者认为这里面没有解决"为什么读"和"怎么读"的问题。生活当中我们经常可以看到,有的人读书量并不是很大,但非常注意所读书籍类型的丰富程度,也很注重读中和读后的思考,善于融会贯通、举一反三、触类旁通,因此,读书给他带来的学识积累、道德修养和整体素质的提升效果非常明显。而有的人读书也很多,甚至远远多于前者,但这一肚子的书似乎没有对他本人的为人处事、言谈举止有任何的影响,读书行为对他本人产生的良性效果和前者相比有天壤之别。人的学习过程不但要"知其然",还需要"知其所以然",朗读也是如此。例如我们让青少年朗读《论语》,朗读《诗经》,朗读唐诗宋词,朗读《红楼梦》,朗读《呐喊》,朗读《巴黎圣母院》……我们一定要告诉他们为什么要读它,它会教会你什么,它会给你带来什么,怎么读才能起到很好的效果,哪些可以让你学会做人,哪些可以使你愉悦,哪些可以让你拥有民族自豪感,哪些可以使你知道什么是"人道主义精神",等等,不一而足,我们必须要让青少年在朗读中,不但能够"读得明明白白、清清楚楚",还得"清清楚楚、明明白白地读",这样朗读的教育功能才能充分发挥,才符合教育的本质要求。

另外,我们还有必要告诉青少年,中华民族的性格特征都有哪些,我们的民族价值观是什么,从哪些书籍文章中可以找到它们,从哪些经典文本中可以找到教你形成这些民族性格和价值观的方法,哪些人这么做过……只有如此细致、具体、直接地引领和指导青少年的朗读教育实践,才能全面实现朗读教育功能中的高层次作用,才能够通过全民朗读经典推动和促进当代中国人核心价值观的健全,最终建立和完善中华民族共同的精神家园。

另外,从充分地使用和挖掘教材元素及内涵角度来说,只有将朗读的目的和对朗读文本的侧重紧密联系起来并加以详细地引领和指导,才能让教材编辑工作者辛辛苦苦、精挑细选出来的文本教育价值实现最大化。

(3) 与朗读教育相关的有声教辅情况。

笔者在对中小学语文教师的朗读教学能力和教学方法进行调研时发现，目前语文教师在这方面呈现出较为明显的水平差异。前文也提到过，自身朗读兴趣和朗读能力较强的语文教师，会将自己朗读的优势运用到课堂教学中，而自身朗读兴趣或朗读能力较弱的语文教师，则会部分避开在教学中更多地实施朗读教育，采用其他的方法代替。通过调研笔者了解到，目前语文教师除了自己示范朗读之外，最多采用的就是使用教材朗读配套音像制品，或者通过互联网寻找需要的范读音频在课堂上使用。北京B中学的杨老师是中学高级教师、语文教研组组长，他在回答如何选择有声朗读教辅时说：

杨老师：我们有人教社的配套光盘，但基本上不用。

笔　者：为什么呢？

杨老师：因为它(人教社的配套光盘)课文的朗读(音频)收录的不全，而且(光盘)后面更多的是老师的示范课视频，所以不太好用。还有别的出版社也有一些这样的光盘，要不就是课文(范读音频)不全，要不就是非名家朗读，水平和质量都不行。

笔　者：那老师们一般从哪里找示范音频呢？都是自己读吗？

杨老师：老师一般就是从网上下载一些播音或朗诵名家对某一篇课文的朗读(音频)，有的老师愿意自己示范，还有的(老师)会安排班上的(朗读好的)学生带学生。我就不太喜欢用这些，我喜欢自己朗读给学生们听，然后安排学生们到台上来朗读。一来我认为自己的朗读还不错，二来对学生来说接近性更好，融入感和亲切感也更强烈一些。

笔者在与杨老师接触的过程中，能够强烈地感觉到他不但是一位语文教育名师，而且还具有强烈的社会责任感，对朗读教育和朗读实践有长期的关注和思考，有自己透彻的分析和独到的见解。他对于当

第四章　朗读教育的现状和朗读教育功能的释放

下语文教学中朗读教育的现状表示很无奈,也很忧虑,他认为要加强朗读教育在学校语文教学中的分量,除了在语文教师培养阶段就开始加强相关的训练之外,教育主管部门通过引导和规范,敦促相关机构尽快推出一系列具有系统性、时代感、贴近性、规范性、引领性的高水平、高质量的朗读示范有声教辅,也是重中之重。

笔者越调研对杨老师的担心越感同身受。的确,目前市面上人们可以买到的朗读示范有声教辅非常多,这些音像出版物都打着教材配套产品的旗号引诱着家长和学生。除了上述提到的人民教育出版社出版的名为《学生课本同步辅导学习材料》的有声配套教辅之外,还有北京师范大学出版社、广东大音音像出版社、人民教育电子音像出版社、中央电化教育馆、电化教育电子音像出版社、广东海燕电子音像出版社等十几家出版社出版发行的几十种不同种类的有声教辅。如果再考虑到现在中小学语文教材分为人教版、苏教版、鲁教版、北师大版、西师大版、沪教版、冀教版、鄂教版、湘教版,以及各种地方版本的话,其配套的有声教辅数量将达到上百种之多,这个数字还仅仅是指家长和学生通过正规渠道购买到的正规出版社出版的有声教辅数量,如若算上各种盗版、非正规出版机构和网络电子自制教辅的话,这个数字恐怕要大到令人瞠目的地步,可见目前中小学语文教材配套朗读有声教辅数量众多、良莠不齐,而且价格不菲。在这种现状下,试问怎么能让教师、学生和家长接触到规范和系统的朗读教育呢?凭借这些教辅怎样正确引导青少年的朗读兴趣和朗读能力的培养呢?

除了数量和版本令人眼花缭乱、难以选择外,部分正规出版机构出版的相关有声教辅的品质也不容乐观。笔者找来一些大型正规出版机构的有声教辅听了听,发现进行范读的虽然是名家,但朗读的录音应该是很多年以前的老录音,其朗读的表达方式和对文本的处理方式已显陈腐,与当今社会严重脱节,此其一;其二,有些录音的压缩技术落后,导致声音质量很差;其三,某些出版机构盲目追求名人效应,请来一些并没有经过系统、专业播音或朗读训练的所谓广播电视著名主持人进行范读录音,其朗读水平并没达到可以为青少年做示范的程度;其四,某些有声教辅的朗读示范篇目,只着眼于古体诗文的朗读,而忽视了大量现代体文本的朗读示范。

以上四点只是笔者总结的目前有声教辅存在的明显不足,虽不能概括全貌,但已能够说明目前中小学语文教材配套朗读有声教辅的现状如何了。

二、校外呈现

朗读教育在校外教育范畴的呈现,主要来自家庭教育和社会教育,其中社会教育又可分为两种类型,一种是由各级政府投资建设的专门为未成年人提供公益服务的青少年宫、少年宫、青少年学生活动中心、儿童活动中心等校外教育和活动机构,其大多属于公益性事业单位,把社会效益放在首位;另外一类则是完全由社会力量构成的各种校外培训、辅导等非学历教育机构,属民营性质。虽然我国对于各类民办非学历教育机构全部定性为非营利性社会团体,统归当地教育主管部门下辖的民办教育管理办公室(简称民管办)和民政部门下辖的民间组织管理局(处)(简称民管局或民管处)进行双重管理,但实际上这些民办非学历教育机构的主要运营目的依然是在一定规范要求和限制内追求经济利益最大化。特殊情况说明,某些以职业技能培训(如美容美发、服装等)为主的非学历教育机构还要到当地劳动保障部门进行审批。由于与本书相关的民办教育机构不在此列,因此,研究过程不对其做过多的说明和考虑。

(一)家庭教育层面

青少年朗读教育的家庭实施主要由孩子的父母来完成,其他家庭

第四章　朗读教育的现状和朗读教育功能的释放

成员作为辅助力量存在。本书此前曾经对家长在青少年朗读教育方面的影响做了部分展示和论证,主要是从家长的朗读兴趣、朗读习惯和朗读能力三个角度对孩子的影响进行了描述。在这里,我们将从另外一个角度,即家长对于孩子接受朗读教育的态度和干预方式的角度,更全面地了解一下青少年朗读教育的现状在家庭层面的体现。

这一部分的展示我们还是先从调查问卷的数据统计结果开始。先来看一下家长对于朗读的教育功能在促进孩子学习和成长过程中的作用有何认知。

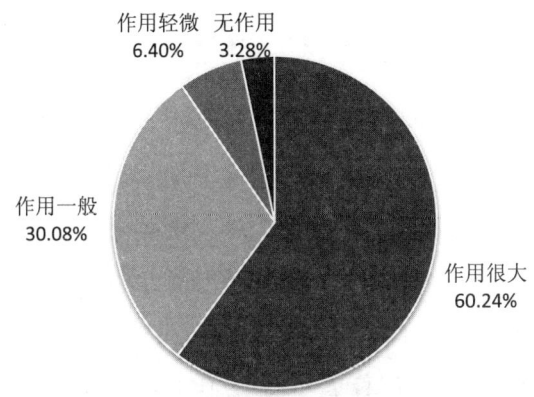

图 4-37　家长版:你认为朗读对孩子的学习和成长有作用吗?

认为作用很大的家长占到了 60.24%,而认为无作用的家长只占被调查人数的 3.28%(见图 4-37)。很显然,家长普遍对于朗读可以有效地促进孩子的学习和成长这一说法持肯定态度。那么这种认知是否和家长自身对于朗读的喜好有关呢?图 4-38 显示的结果让我们一目了然,朗读的教育功能对孩子起到的良性促进作用的认知,绝不是盲目的,是通过家长自身的朗读体验而得出的真实经验,属于有感而发。

既然多数家长根据自身的感受认为朗读对孩子来说好处很明显,那么他们会不会对孩子的朗读行为有明确的要求呢?图 4-39 告诉我

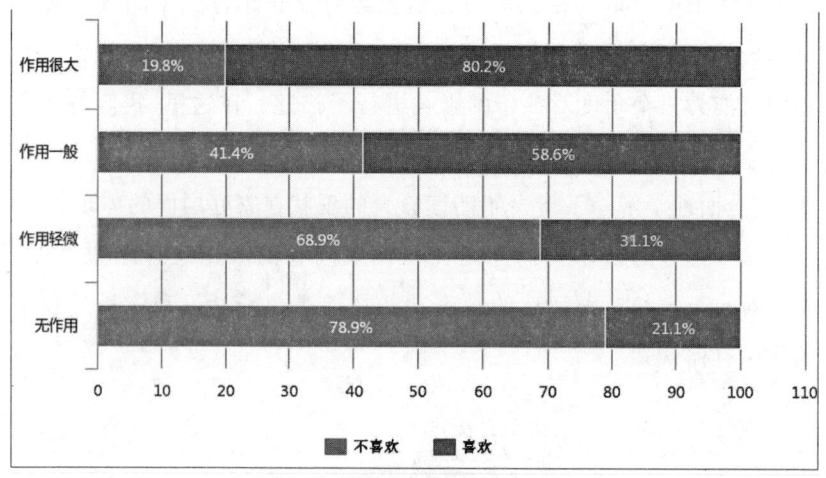

图 4-38 家长是否喜欢朗读与认为朗读对孩子的促进作用大小之间的关联

们,有接近 70%的家长会要求孩子朗读。这个比例在目前还是比较让人满意的,但如果我们和图 4-14 中青少年自己偏爱的阅读方式比较一下,就会发现家长的要求似乎并没有在孩子身上得到很好的效果。68.97%的家长要求孩子朗读,但要求的结果却是高达 69.2%的孩子不喜欢将朗读作为阅读的首选方式,还有 16.55%的孩子不是太喜欢通过朗读的形式来完成阅读。这组数字会让人觉得迷惑不解,至少是让笔者在第一次看到时感觉心里五味杂陈。

让我们再来看一些数据,推断一下问题到底出在哪里。可能是家长对于孩子的要求不够具体?答案是"Yes",明确要求孩子每天都要朗读,甚至要按时朗读的家长比例大幅度降低(见图 4-40),只有要求孩子朗读的家长数量的一半多一点(见图 4-39)。在要求孩子朗读的家长中,只有 55.5%的家长明确要求孩子每天按时朗读,而剩余 44.5%的家长则只是泛泛地对孩子提出朗读的要求(见图 4-41)。

第四章　朗读教育的现状和朗读教育功能的释放

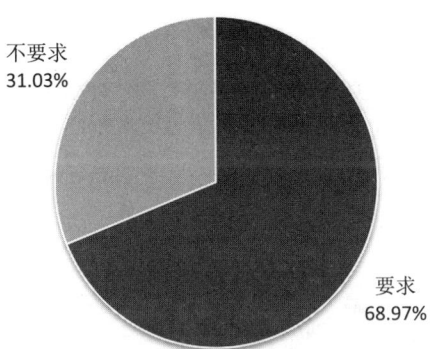

图 4-39　家长版：你要求孩子朗读吗？

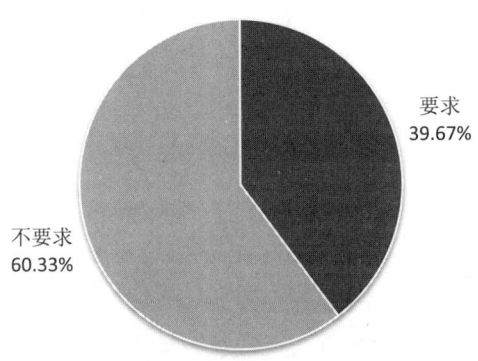

图 4-40　家长版：你要求孩子每天按时朗读吗？

假设家长的问卷反馈全部属实，而且家长的要求细致、准确且容易执行，那么即使只有 30% 多的家长要求孩子每天按时朗读，也不至于有那么多的青少年都不钟情于朗读啊？继续调查分析，来了解一下从孩子那里反馈的他们对于家长对其朗读要求的理解吧。

从青少年的反馈来看，明确对他们提出朗读要求，包括以每天、按时、必须、经常等关键词做定语的家长只有 26.64%，比从家长那里得来的人数比例还要低（见图 4-42）。这似乎很难理解，问题究竟出在哪里？是有一方没有说实话吗？被调查采访的几千人，来自全国 25 个

— 157 —

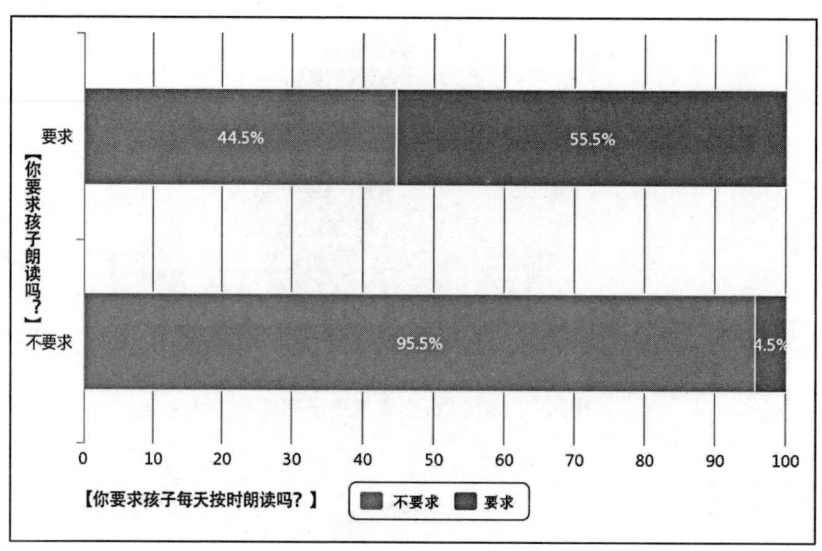

图 4-41　家长版：对孩子朗读有要求的家长中，要求每天按时进行的比例

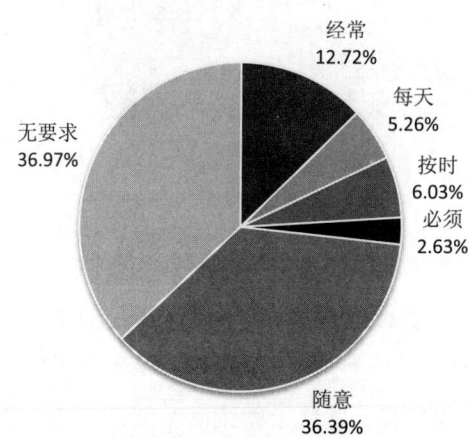

图 4-42　学生版：如何描述家长对你课外朗读的要求？

省、自治区、直辖市，大家一起撒谎的可能性不大。笔者想起了一段采访，或许能够帮我们揭开谜底。

管同学是地处北京燕山地区一所中学初一年级的女生，2013年12月10日，在第十五届齐越朗诵艺术节暨全国大学生朗诵大会获奖，

其获奖作品在首都图书馆的公益展演时,笔者遇到了她:

笔　　者:今天你和谁一起来看展演的?

管同学:奶奶陪我来的。

笔　　者:你喜欢朗读吗?

管同学:喜欢。

笔　　者:家里还有其他人喜欢朗读吗?

管同学:妈妈和奶奶都喜欢。

笔　　者:那他们会要求你每天都要朗读吗?或者固定在什么时间朗读?

管同学:有时候要求,有时候没有(要求)。

笔　　者:怎么会有时候要求,有时候不要求呢?那到底是要求你朗读还是不要求啊?

管同学:妈妈有时间的时候就会要求得严一些,忙的时候(妈妈)就忘了。还有的时候我住在奶奶家,(妈妈)就没法管我(朗读)了。上小学的时候,妈妈经常带着我一起读,现在少了。

笔　　者:为什么现在少了?是你不愿意了吗?

管同学:也不是的,主要是现在作业比较多,还得上辅导班,没时间了。

上文所惑,答案立现。其实表面原因是家长发出的指令和孩子收到的讯息出现了不对称,其深层次原因则是家长对于朗读教育的推崇和坚持不够。笔者在采访北京市城郊某区教委中教科科长时,有一段对话令笔者记忆深刻:

笔　　者:据您了解,家长会对孩子在学校的朗读情况很重视吗?

王科长:根据我的了解,(有这种要求的家长)少。

笔　　者:家长不重视,不在意?

王科长:现在的家长是很实用主义的,只要和升学考试有关系的,家长都很在意。各种辅导班、艺术班,只要能提高考试成绩,或者能给升学考试加分的,多贵都上,再忙都陪着孩子去。(可是)朗读不考啊,也加不了分啊,那你说家长会不会真重视?其实家长也知道(朗读对孩子)挺好的,但没办法,他们也很无奈。

笔　者:也就是说,只要一天朗读不作为考试内容,家长就不会真正重视?说它再好也没用?

王科长:我个人觉得,恐怕是这样的。

笔者相信家长的这种选择从某种程度来说也是一种无奈之举,是对现实状况的一种妥协。家长不能够很坚定地执行这种要求,单纯依靠青少年自己,尤其是年龄小的少年儿童凭借一种兴趣和自觉性去有规律地完成朗读教育行为,恐怕是不现实的。但确实有大部分家长知道朗读教育的好处,于是他们寄希望于学校能提供这类教育机会,比如朗读兴趣小组,然后让孩子参与其中(见图4-43)。但这一次家长们又不得不失望了,根据图4-8和图4-33显示,不但开设朗读兴趣小组的学校和班级很少,而且青少年自己参加的愿望也不是那么强烈。

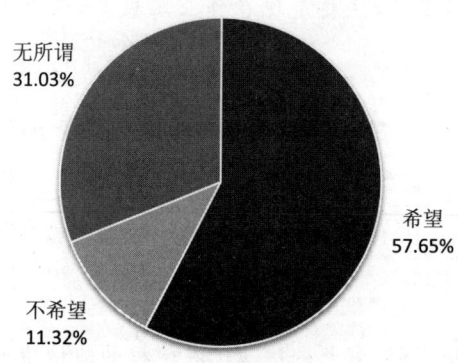

图4-43　家长版:你希望孩子加入学校的朗读兴趣小组吗?

既然参加校内的朗读兴趣小组对很多青少年来说不那么现实,坚持要求孩子有规律地按时朗读又常常被升学指挥棒所打乱,那么认为朗读很重要的那部分家长还会采用哪些办法呢？给孩子的语文教师提要求,要求他们给自己的孩子加强朗读辅导？但似乎更多的家长并不赞同这种方法(见图 4-44)。

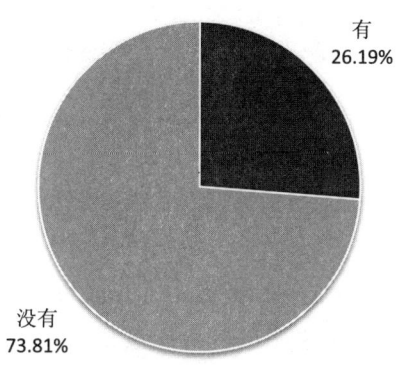

图 4-44　教师版:有学生家长要求老师辅导学生朗读吗？

那就家长亲自上阵,给孩子朗读或者陪着他们一起朗读吧,不但可以很好地对孩子进行朗读教育,还是一种很好的亲子活动,是个好办法。这个办法家长们采纳吗？

图 4-45 告诉我们,确实有很多家长使用了这种方法对孩子实施朗读教育。尽管这里面包括为了帮助孩子完成老师布置的阅读作业而进行的朗读,以及为了给孩子完成听写作业而进行的朗读等,但不可否认,朗读教育的重要性在绝大多数家长的意识中,还是有毋庸置疑的认知基础的,这一点很让人欣慰。

(二)社会教育层面

1.政府投资设立的公益性校外教育活动机构

能给青少年提供朗读教育的公办校外教育机构,包括青少年宫、

图 4-45　家长版：你为孩子或跟孩子一起朗读过吗？

少年宫、青少年学生活动中心、儿童活动中心等公益性未成年人校外活动场所，其中最为大家熟悉的机构应该是少年宫。按照《教育大辞典》的解释，少年宫是综合性的少年儿童校外教育机构，面向广大少年儿童，并协助学校开展课外、校外活动；任务是通过组织丰富多采的富于教育性、趣味性、实践性的活动，对少年儿童进行思想品德教育，发展他们在科学技术、文学艺术、体育等方面的兴趣和特长，并培养其勤动手、善思考的习惯；学生可自由选择参加喜爱的活动；有群众性活动和小组活动，如少年艺术团、各种体育小组、少先队节日活动、各种专题性集会、观摩、比赛、儿童创作展览、学科竞赛、军事游戏等；由有经验的教育家和专业人员组织指导。属于少年宫一类的组织还有少年活动站、少年之家、少年科技馆（站）、儿童乐园等，它们有的只是名称上的差异，有的表示规模大小或活动重点的不同。

从上述对少年宫描述的文字可以看出，少年宫等公办校外教育活动机构主要是作为学校教育的重要补充功能而存在的，目的是为了弥补和完善校内教育无法实现或者很难达到的一部分教育功能，更侧重于采用轻松活泼、寓教于乐的教育形式，重点是针对青少年群体的综合素质全面发展。这样看来，前文我们所描述的朗读教育在校内教育的窘境和困难应该可以在少年宫这类的地方得到有效解决,而且这本就属于"少年宫们"设立和存在的价值和意义。况且少年宫等机构都属于公益性机构,简直太完美了,笔者差一点就觉得已经找到了对青少年进行朗读教育最完美的载体和途径了。那么,实情是这样吗?

第一,我们要先弄清楚"公益性"这个词是什么意思。所谓"公益性",包含非营利性和追求社会效益两部分元素,其中非营利性指的是不以营利为目的,但要收取能够支撑其持续开展活动的费用,所以非营利性并不是不要钱,不等同于免费。

第二,作为由各级政府投资建设的专门为未成年人提供公共服务的机构,与其他公用配套设施和场所一样,其建设总量与覆盖率需要一个逐渐发展的过程,同时也受当地经济发展情况的影响和制约。

第三,虽然少年宫提供服务的对象包含义务教育接受主体,但其所提供的教育服务却不属于义务教育范畴,因此,少年宫和中小学的直接上级主管部门并不是一个机构。两个部门之间协同合作的好坏和密切程度,直接决定了校外活动与学校教育的衔接是否紧密、顺畅。

第四,随着近些年学生升学压力的不断增加,家长"望子成龙""望女成凤""不能让孩子输在起跑线上"等想法日益强烈,导致各种民间辅导班如雨后春笋般冒了出来,这些辅导班有的声称可以迅速提高孩子的文化课成绩,有的保证可以让孩子迅速掌握一门可以升学加分的"特长绝活"。少年宫因其先天基因使然,聚集了一批深谙青少年教育之道,能够培养各类文学艺术、体育科技人才的教师,这是它的人才优势;由于少年宫的公益性定位,因而它可以享受国家层面制定的支持公益性未成年人校外活动场所发展的税收优惠政策,这是它的政策优势;少年宫属于全额拨款事业单位,旱涝保收,这是它的身份优势。这三大优势加起来,被社会上不知道从哪天开始刮起的一股"一切向钱看"的风潮裹挟着,于是很多少年宫就在一瞬间完成了向侧重于经营性创收,偏重于培养特专长学生的"非著名培训辅导机构"的转变。要教师有教师,要场地有场地,要品牌有品牌,一时风光无限。这可苦了孩子了,原本孩子去少年宫是轻松、快乐、自在的,而现在去少年宫就像是临时转了间学校继续文化课打拼一样,沉重、郁闷、束缚,唯一不同的是在学校享受免费的义务教育,在这里得掏钱。于是,不属于考试内容,不能给升学加分的"朗读"就轻轻地被相当数量的少年宫从素质教育的目录中抹去了。

说到这里,您还会觉得我们找到了一个完美的载体吗?

当然,根据笔者的调查,上述情况虽然比较普遍,但主要集中在二三线城市,一线大城市的很多少年宫还是有其可圈可点之处的。

2.民间资本开设的非学历教育机构

本书所涉及的民营非学历教育机构主要是指为中小学生服务,提供课外培训、辅导的私立、民营教育机构。有人可能会质疑,这样的机构更是以赚钱为目的,朗读教育却无利可图,连学校、少年宫这样的主流教育机构都不重视,那些以追求利润最大化为目标的民营培训机构会感兴趣吗?一家国内著名的、以提供中小学个性化课外辅导为主营业务的教育培训辅导机构,本书称之为 DD 教育,宣称在全国 54 个大中城市设有近一千家分校区,拥有两万名精英型师资团队,自称是中国中小学 1 对 1 个性化辅导的领先品牌,其培训辅导科目涵盖了中小学与升学相关的所有课程。2014 年年初的一天,笔者以家长的身份对其进行了电话咨询:

笔 者:孩子转过年来就上初二下学期了,偏科厉害,语文成绩特别不好,想看看你们这里能不能有效果。

DD 教育:(孩子的语文)现在大概什么水平?

笔 者:不愿意背,作文也不好,考试老是在七八十分徘徊,老师也没办法,给介绍了你们,看看你们有没有好办法。

DD 教育:其他科目还好吗?

笔　者：其他还行，就语文拖后腿，还有一年多就该中考了，我们着急啊。

DD 教育：我们的语文 1 对 1 辅导效果很好，老师的经验很丰富，我们辅导过很多孩子，他们的语文比您的孩子差多了，最后成绩都很好。

笔　者：你们的老师都是哪里的？

DD 教育：我们有专职老师，也有大量来自各个名校的老师，全国语文高级教师都有很多。

笔　者：作文不好怎么辅导？孩子就对语文提不起兴趣，（我们）也给他买了很多辅导材料，作文写作指导、范文参考什么的，都没什么用。

DD 教育：初中生的语文（辅导）得先提高兴趣，（他）有了兴趣就好办了。我们的名师都有一套很好的办法，还有朗读训练法，就是（通过）读东西培养（孩子）对语文的兴趣，对写作文什么的效果非常好。

笔　者：我们平时也让他读，他妈妈也给他读，没什么用。他不读，也不爱听。

DD 教育：您可能没掌握好方法，我们的名师已经用这种方法帮助了很多学生，效果非常好。很多家长都说学完（朗读训练法）之后，孩子喜欢学语文了，成绩也提高很快。你有时间的话来我们这里一趟，我们给您约一下名师，您和老师当面沟通一下，他们说的要比我专业。

朗读是一种学习方法，这是大多数老师和家长的共识，但由于包括前文我们提到的种种原因，对朗读教育功能的充分认识和全面了解，也就是朗读的教育功能到底有多强大，这种学习方法到底有多好，大多数人还缺乏足够的认知。市场要在资源配置中起决定性作用，在朗读教育领域，恰恰就是人们都认为因为单纯逐利而不可能青睐朗读教育的民营培训辅导机构，因为距离市场更近，深知抓住了市场需求**才能获得丰厚回报，所以他们敏锐地发现了朗读教育所蕴含的巨大宝**

藏,从而更迫切、更积极、更系统地对朗读教育进行研究、开发和包装,并在其所提供的教育产品中非常娴熟地使用起来。

　　由于对朗读教育功能认知的不充分,朗读教育在学校教育以及公办的校外教育领域内,看似需求不高,但不高并不意味着没有需求,总有部分家长希望送孩子去朗读训练班,总有部分青少年希望有一个能够帮助自己提高朗读能力的地方,校内朗读兴趣班的缺乏、语文课堂教学中对朗读涉及的不足、少年宫等校外教育活动机构对朗读教育的冷漠,导致这些或因兴趣、或基于提升综合素质而产生的朗读教育需求基本涌向了专门开设朗读培训与辅导的另外一些培训机构。青岛GG语言艺术培训学校(以下简称GG教育)就是这样一所民办非学历教育机构,专业从事有声语言艺术和影视艺术相关课程的研发、培训与辅导。该机构是青岛市首家专业的影视语言艺术培训机构,曾经被评为"青岛最具影响力的语言艺术培训学校"。该机构开设有语言艺术类高考辅导班、普通话与语言表达艺术培训班、少儿口才与小主持人培训班、婚庆从业人员执业资格认证培训班、婚礼策划师、主持人实践操作培训班、少儿直映认字、阅读、拼音、作文培训班等。这个机构所有开设的课程都有一门共同的基础课,就是朗读。该校的黄校长热情地接受笔者的采访:

　　笔　者:为什么咱们会把朗读课作为所有培训课程的基础课呢?

　　黄校长:我们学校的主要管理层都是在高校从事管理、中文专业教学和师范教学二三十年以上的教育专家,除了拥有丰富的教学经验外,我们对教育本身有很深的了解和理解。把朗读作为所有培训课程的基础课,是我们的老校长提出来的,他从事高校师范教学,也就是培养老师的教学研究工作超过30年,他对朗读(教育)的作用和重要性有很深的认识。朗读对语言表达的促进、对文化素养的提升、对语文学习的推动、对个人品德修养的塑造,作用很大,也很明显。我们是培养广播影视领域和有声语言专业入门人才的地方,朗读(能力)就更是必备的素质了。

笔　者：您刚才提到朗读教学的效果很明显，何以见得呢？

黄校长：就拿我们学校的作文培训班来说，这几年青岛地区的小学生作文比赛，我们（培训）的学生经常拿奖，小孩子通过朗读可以积累丰富的词汇和语感，对他（们）的作文写作帮助很大。再比如我们学校每年辅导的参加语言艺术类高考的学生，考上中传、浙传、南广、天师等名牌大学的人数基本都是青岛最多的。有一些同学在别的学校学完了，都没有信心了，家长抱着再试试的念头来我们这儿，经过我们专家的专业培训，最后考上了向往的学校。这种例子在我们学校很多，我们分析，朗读（学习）起了很大的作用。

笔　者：教朗读的老师都是哪儿的？据我所知，国内还没有专业培训朗读教师的地方。

黄校长：你说的对，朗读老师属于稀缺资源。在培训教育这个行业里，谁拥有的教学资源多，谁的教育效果就好。我们学校一方面通过我们的教育专家的（人际）资源，重金聘请朗读方面的专家、朗诵的名家到学校来授课，像中央人民广播电台老一批的播音、朗诵名家，很多都来过我们学校，也包括一些没经过专业训练但靠个人努力在朗读方面有很高造诣的人来兼职。这一点我们比公立学校自由，只要你有这方面的能力，我们就可以请你来，没有学历什么的限制。另一方面，我们购买大量的音像制品，也组织自己的专家名师录制一些，然后再进行听评和筛选，最后形成我们自己的教学材料。当然，我们有一批对朗读有研究、知道什么是好的、知道怎么去评判的专家名师，这是很重要的前提条件。这也是我们的核心优势。

笔　者：我知道有一些培训学校也有类似的课程，他们会去邀请一些电台、电视台的名嘴来上课，因为他们有知名度嘛。你们也会这么做吗？

黄校长：我们的兼职教师中，也有电台和电视台的播音员、主持人,我们的客座教授里就有好几位是中央电视台的名主持。但名人效应不是我们学校最看中的,有一些主持人很有名,来一次讲座没问题,但系统的讲课就不行了。还有的(主持人)主持得很好,但朗读得非常一般,所以也要进行筛选。

笔　　者:那最终你们的这些理念和想法得到家长和学生的认可吗?

黄校长:你刚才进来的时候看到的一屋子报名咨询的家长不就是很好的说明嘛!(大笑)

真希望笔者在 GG 教育所看到的家长报名咨询的热情,有一天能够伴随着朗读教育蔓延到所有的青少年,甚至所有的中国人身上。

三、媒体呈现

媒体素来就担负着一定的社会教育功能。曾几何时,在广播还处于传媒领军媒介形式的年代,有一档普及朗读的节目红遍大江南北,节目累积播出三十年,直接和间接地影响了几代人,直到今天,还有许多不同年龄、不同职业的人,在提到这档广播节目时,依然激动不已,并坦言从这档节目中收获了太多甚至对自己一生都有重要影响的教育元素。这就是中央人民广播电台的《阅读和欣赏》。

1961 年 5 月,《阅读和欣赏》节目正式开播,因其具有名人介绍名作和由名播音员播读的"三名"特点,因此迅速引起听众的注意,很快便红透大江南北。很多人将该节目奉为不见面的文学老师。《阅读和欣赏》在当年的迅速走红,确实与当时的传播技术欠发达,传播平台单一,广播是最先进和最广泛的传播手段有关系,但节目本身高品质的吸引力才是其很快获得认可并受到追捧的根本原因。最早的《阅读和欣赏》主打中国古典文学的赏析,撰稿人由社会上的著名学者构成,包括叶圣陶、臧克家、萧涤非、吴小如、周汝昌等;介绍的作品是包括李白、杜甫,以及唐宋八大家的作品在内的历朝历代诗文名篇;播读者全是当时中央人民广播电台大名鼎鼎的一批播音员,如齐越、夏青、林田、潘捷等,按照现在的话说,这是一档强强联合、钻石组合、超级高大上的节目。但可惜历史不能假设,还远没走到今天,就在20世纪90年代,这样一档给亿万中国人普及了中华传统经典文化,引领众多文艺青年走上文学创作和文学研究道路,给无数人带来美的享受的金牌节目默默地退出了历史舞台。我国著名的播音名家方明,在该节目的中后期,一直担当着主要播读者的角色,他向笔者道出了这档节目停播的原委:

笔者:后来这个《阅读和欣赏》节目停掉了,您觉得最大的原因是什么?

方明:没钱。没有商人到这儿投广告。停了以后很多人都问我这《阅读和欣赏》哪去了,怎么找不着了。

笔者:很多人喜欢听,还是很怀念的。

方明:怀念。确实影响了很多人。

我国改革开放30多年来,的确取得了辉煌的成就,经济发展成绩显著。但也必须承认,经济的高速发展中,我们也丢掉和失去了很多宝贵的东西。一档精品节目可以影响几代人,作为身在其中的主创人员,又有什么体会呢?

笔者:这档节目《阅读和欣赏》是怎么制作出来的?

方明:(台里)请各大学的名教授写的欣赏、评析的稿子,文艺部有几个编辑,都是在文学这方面比较拔尖的编辑,刚开始请的播音员只是夏青、林田、潘捷、费寄平,后来才扩大到王欢、林如、葛兰,再扩大到铁城、雅坤、我、陈刚,我们这些人。

笔者:哦,是一步一步扩大的?

方明:对。在播音组播音最开始就播一些文艺的头头尾尾,播《简明新闻》,(再)播到 15 分钟的新闻。上《报摘》(《新闻和报纸摘要》节目)、《联播》(最早叫《全国各地人民广播电台联播》,1995 年更名为《全国新闻联播》)都要领导审,审核通过才能播。有的人播了一辈子都没上过《报摘》《联播》。最高的就是到天安门广场、再就是到各个重要会议现场读一些决议,在台内的一些节目就是播到《阅读和欣赏》,相当高了。

笔者:根据您的了解,它(《阅读和欣赏》)最红的时候应该是在什么时候?是"文革"之后复播么?

方明:"文革"之后恢复的时候,应该是最红的。

笔者:那就是说在改革开放后?

方明:(20 世纪)80 年代中期了。

学生:《阅读和欣赏》应该是您播的最多吧?

方明:"文革"以后。"文革"以前夏青、林田他们多。

学生:您说以前没有时间读书,包括我们一位老师还说一听到您的《阅读和欣赏》就特别激动,小时候就靠这个节目学到了很多,学到很多关于文学和朗读的知识与技巧。《阅读和欣赏》是不是也对您有很多影响?

方明:很多影响。为了(朗)读好,我们会去专门学习,去请古汉语专家来讲课,自己买书看、去研究,对自己的提高很大。直到现在,心里一块病是什么呢?就是这个赋一直没播(读)好。从一开始《鹏鸟赋》到后来曹植的《洛神赋》。

笔者:您觉得赋难播(读)在什么地方?

方明:咱们古汉语很多都不懂,关键在古汉语咱们没有学到家。

学生:赋是不太好播的,那您代表作有一个"秋声赋"是吧?

方明:《秋声赋》是比较容易的。

笔者:方老师我有一个问题想问您,就是您用什么标准来判定,播得不好,播得自己不满意呢?

第四章 朗读教育的现状和朗读教育功能的释放

方明：我不能流畅地把它从头到尾读下来，中间得停接好几次，包括文言的虚词，甚至一些字就独立地在那儿，需要那么去念，不能跟上下连着。包括一些断句，怎么断才合适。比如上一次有一位播音员给我打电话，说台长给他们提意见，说有人提意见你们考虑一下，"老吾老以及人之老，幼吾幼以及人之幼"，现在很多人都觉得（要读成）"以及|人之幼""以及|人之老"。（这种读法是）不对的，应该是"老吾老以|及人之老，幼吾幼以|及人之幼"。（这牵涉到）古汉语和现代汉语（的区别），"以及"是现代汉语的词，古汉语是没有"以及"这个词的。而这个"以及"也不是（现代）"以及"的意思，我们往往给它念错。类似这样的，感觉是个难点。

学生：您觉得古诗词还有古代散文，区别来看的话，在朗诵的时候应该有哪些需要注意的地方？

方明：古代人写这些东西，（虽然）有时候写得很朝气蓬勃或者很汹涌澎湃，（但）它都不是特别张扬的东西。现在读这些都有些张扬，比如（我读）《岳阳楼记》，我哈哈哈笑起来，这是原稿里没有的，但是（由于）我们很多人古汉语这方面不是很熟悉，（所以）你要把它放在现代（语境中）去读，尽可能让它张扬一些，后边的道理（人们）接受起来才更容易一些。

笔者：您的意思是要更符合现代人的接受习惯？

方明：对。现在听吟诵的话，听着听着快睡着了，但古代人他不是这样，你吟诵的时候他也会摇头晃脑和你一块欣赏，所以不一样的。

笔者：刚才您在讲座的时候我就在想，就是传统东方文化要把古老的、精髓的东西传承下去，确实牵涉到一个接受方式的问题。我前段时间做过一个关于中小学生学习传统文化的调研，有人提到所谓的恢复私塾，恢复吟诵，还有人提出来要完全实施所谓的复古。

方明：不可能的。但是留那么几千个人几百个人几十个人把它传承下去，这是应该的。为什么？日本人没有朗诵，都是吟诵，韩国也都是吟诵,越南也是(吟诵),人家是在传承。有韩国人就说古典文学的东西是从他们那儿出来的,(这话)不对!但是我们怎么样传承?怎么样与时俱进?好的东西还是要留下来,但不见得要人人都会。

作为一位有声语言工作者,能与这样一档于己于人都富含教育意义和审美价值的节目相伴近一半的职业生涯,无疑是很幸福的。尽管方明老师播过的节目、参与的重大会议和活动、录制的朗读作品汗牛充栋,但在听他叙述这些往事的时候,还是能强烈地感觉到他对《阅读和欣赏》节目的特殊情感。

作为一档已经停播了20年左右的广播节目,不能说明朗读教育在媒体层面的现状,但《阅读和欣赏》作为媒体推广、展示、宣传和引领朗读教育最具代表性的作品,是迄今为止传媒与朗读教育相结合创造出的最杰出的样版,堪称一面旗帜。因此,在谈到媒体与朗读教育之间的关系时,花上一定的篇幅来了解一下《阅读和欣赏》是极具参考价值的。

后来在各地的广播节目中,也零星出现过一些朗读类的节目,但都没形成大规模的影响力,而且也都如流星划过夜空一般,很快就不见了。直到电视媒体成为第一传播媒体后,电视屏幕上又零星出现了一些有朗读内容的电视栏目,如中央电视台《子午书简》《读书》等,数量不多,而且邀请名家朗读一些经典作品也只是栏目中节目内容构成的一部分而已。但电视媒体利用其固有的视觉优势,开展了一些与朗读朗诵有关的比赛和展示活动,相比广播媒体对于朗读的推广增加了一些新鲜的元素,在提供听觉美感的同时,还能够给人以视觉上的审美享受。比如中央电视台会在一些特殊的节日或纪念日,举办此类电视展演活动;再比如中国教育电视台联合中国文明网、央视网和语文出版社承办的,由中国国家语言文字工作委员会办公室(教育部语言文字应用管理司)与中央文明办调研组联合主办的"中华诵"活动,也会在电视屏幕上进行展示。此外,一些省市地方电视媒体,也会不定期地推出一些与朗读有关的赛事或者活动。但这些栏目和活动或者不具有纯粹性,或者缺乏连续性,因此,从影响范围、规模、力度,以及被人们关注的程度上都很难再现当年《阅读和欣赏》的辉煌。

科技水平的快速发展带来了传播手段和平台的飞跃式发展,各类新型媒介层出不穷,IT 界著名的摩尔定律①在大众传播平台快速的更迭中,早已显得不合时宜了。昨天大家还在热闹地讨论 Web2.0 时代比预计的提前到来了,今天就已经发展到自媒体时代了,微博、微信已经可以把相对闭塞的地方发生的自然灾害第一时间传递世界各地②。这中间出现的 BBS、论坛、博客都是在很短的时间里经历了诞生、热捧与衰落的过程。媒体传播工具和平台的迅速崛起,使得信息传播空间和维度不断扩大,分流了人们的关注度,同时也给朗读教育的传播带来了新的机会。微信的庞大用户群和其相对封闭的传播环境,使朗读文化有了针对性很强的传播机会。目前微信里有十几个关于朗读的公众号,其中影响力最大的当属"为你读诗"。

"为你读诗"是由 Be My Guest(中文名:尚客私享家)携手包括朗朗、李彦宏、张国立、濮存昕、陈鲁豫、于丹、熊晓鸽在内的国内 20 位各领域翘楚,联合北京青年报社、中央人民广播电台·中国之声、腾讯微博、现代传播集团和时尚传媒集团共同发起的诗歌艺术活动,分为线上和线下两部分。发起者在其官网上记录下了他们的宗旨:

> 所谓"为你读诗",即以诗歌吟读的方式,将我们的情感,以浪漫

---

① 摩尔定律是由英特尔(Intel)创始人之一戈登·摩尔(Gordon Moore)提出来的。其内容为:当价格不变时,集成电路上可容纳的晶体管数目,约每隔 18 个月便会增加一倍,性能也将提升一倍。换言之,每一美元所能买到的电脑性能,将每隔 18 个月翻一倍以上。这一定律揭示了信息技术进步的速度。

② 2010 年 8 月 8 日,位于甘肃南部的山区小城舟曲发生了特大泥石流灾害。凌晨 3 点 23 分,一个名叫"Kayne"的舟曲当地网友,在新浪微博上,发出了一条 19 字的讯息,立即在牵挂灾区的网友中间传递、扩散。在之后的很多天里,"Kayne"的微博成了网友,甚至是媒体了解灾情的重要信息源。

的、柔软的、传统而古典的方式向我们的爱人、亲友、同事、某个特别人士/人群,甚至是自己来表达。但"为你读诗",与其说是读诗,不如说在这功利的、浮躁的社会中,以"诗歌"为切入点,倡导诗意的生活。①

"为你读诗"线上部分依托微信公众号,于2013年6月1日正式上线,凡关注该微信公众号的朋友,每晚10点,即可收听一位特别来宾为你读诗。笔者关注之后发现,每晚读诗的人来自不同行业、不同背景,甚至不同国籍,有名人,也有普通人。朗读的诗歌以中外现代诗歌为主,有经典名作,也有自创作品,但鲜见中国古典诗词。订阅者可以通过该公众号申请为大家读诗、推荐好的诗作、对诗歌进行评论、查询往期的读诗作品,还可以推荐一些摄影绘画作品来作为每天所读诗作文字版的配图。为了让不同网络环境下的订阅者都可以收听(看),主办者还特意分别设置了视频版和纯音频版供受众自由选择。

"为你读诗"的线下部分则是同电视媒体一样,选择在一些特殊的日子里组织一些以朗读诗歌为主题的活动。例如"2013太极禅韵晚宴:基努·里维斯、夏雨为你读诗"活动、"2013北京秋季音乐诗会"、2014年"为你读诗"新年诗歌艺术雅宴、2014"为你读诗"世界诗歌日音乐诗会、"为你读诗"2015夏季诗歌音乐会等。

"为你读诗"上线之后,迅速引起了人们的关注,尽管笔者无法拿到目前"为你读诗"公众号的订阅数据(属于商业机密),但从身边朋友的订阅情况和微信、微博的转发情况来看,应该是一个庞大的订阅群体。公益性+参与者众多且身份多样+庞大的订阅关注群体,足以证明朗读经典文本或者倾听别人朗读美文经典,依然是很多中国人内心最深处的精神需求,只不过曾经我们走得太急了,忘了去休整一下我们略显疲惫的灵魂。所以,当能够滋养我们心灵的朗读与便利快捷的

---

① 我们的宗旨[EB/OL].[2014-03-31]."为你读诗"官方网站,http://www.thepoemforyou.com/womendezongzhi/.

新媒体传播工具完美结合在一起的时候,相当数量的人顺应自己心灵的呼唤,毫不犹豫地抓住了它。

2017年,被各种明星真人秀充斥的电视屏幕上出现了几股清流,《见字如面》《朗读者》《中国诗词大会》等几档主打朗读、文化、情感的节目突然出现,并迅速火爆,成为最令业界和学界吃惊的现象级电视综艺节目,细究之下,其背后的社会成因,恰恰在于人们对中国文化中最精致文字的膜拜心理,更在于朗读将这种精致充满美感和想象力表达了出来。

你还能说我们不需要朗读吗?

第二节 朗读教育功能再释放的解决方案

朗读教育功能在当下的呈现状态可以说有喜有忧,那么该如何进一步优化和推进朗读教育的实施,使朗读的教育功能可以更加充分地被挖掘并发挥作用呢?笔者在总结前人相关研究成果的基础上,结合调研和访谈过程中收集到的来自教育主管部门、教育实施机构、教师、学生、家长的相关意见和建议,试着提出以下路径。

一、加强朗读教育的理论研究和机制创新

(一)研究方法的创新

笔者在对朗读的教育功能进行研究的过程中深深感受到,朗读的相关研究有其特殊性,研究者本身需要具备一些特殊的元素,方能有效地创新研究所需方法,从而顺利、透彻地对朗读进行研究。首先,研究者本身需要是朗读活动的爱好者,只有爱好它,才会真心与它接近,

才会深入研究它。朗读活动属于有声语言创作过程,其本身具有声音稍纵即逝的特点,尽管当下记录的科技手段已经比较发达,但研究样本的采集还是不能像文本样本那样便利,因此,只有朗读爱好者才能够有耐心和热情去坚持对样本的采集和关注。另外,朗读是一门实践性很强的学科,所有的研究最终都是为了指导实践,而理论又是在不断的实践中得以完善。对于朗读来说,如果不能落实到实践,理论的意义和价值就无从谈起。因此,也只有爱好朗读的人才能够不断地参与各种朗读实践,无论是充当朗读者、朗读辅导者,还是作为朗读的聆听者和朗读活动的组织者,都是朗读相关研究人员必须要去做的。

其次,朗读研究者必须是朗读行为的实践者和朗读活动的参与者。所谓实践者指的是亲身朗读,所谓参与者指的是参与对朗读相关活动的组织、推广、宣传等行为,以及对其他朗读者进行朗读指导工作。这就如同研究股市问题的人士必须要成为一个真正参与市场交易的股民一样,没有亲身参与和实践的经验,就无法获得最真切的实践和参与感受,就无法对朗读爱好者和实践者群体的心理感知、审美感受、实践收获等方面产生具体、细致、生动的认识,那样的研究充其量只能算作纸上谈兵,对于朗读实践的指导意义将大为降低,甚至还会产生一定程度的误导。

再次,朗读研究者最好是有声语言工作者,至少是接受过系统、专业的有声语言艺术训练。有声语言看不见、摸不着,其构成要素具有极强的抽象性。如果朗读的相关研究人员不能掌握较高的有声语言相关知识和创作技巧,则会感觉面对朗读研究时无从下手、不知所措,更谈不上准确的定位和评价了。因此,脱离了有声语言创作的基础理论和实践能力,对朗读的相关研究就如同瞎子摸象和黑夜里航船一样,无的放矢。

最后,朗读的相关研究一定要采用多种研究方法相互交叉、相互结合的方式,包括但不限于历史回顾、文献分析、问卷调查、深度访谈、参与体验、现场记录,甚至某些时候还要采用"扎根理论"和"人种志"的研究方法,与研究样本吃住、工作、学习在一起一段时间,从大量丰富的原始记录中方能得出较为准确的研究结论和理论阐述。另外,由于朗读实践基于和作用于的主体类型庞杂,涉及的相关学科很多,因此研究者最好能够具有多学科交叉的学术研究背景,这一点上笔者深感有所欠缺。解决方法就是多学科研究背景的人员相互合作、协同进行研究。

笔者在本科和博士研究生阶段均接受了系统、完善的有声语言艺术创作的训练,曾经是首届齐越朗诵艺术节大赛的一等奖获得者,参加工作以来一直在有声语言创作的一线,参与评审和辅导各类朗读比赛、朗读展示活动上百场次。两年的英国硕士研究生学习,笔者有机会近距离接触了西方的口语表达教育体系,目睹了西方国家对民众口语表达能力的重视,以及在其国民教育体系中充分发挥朗读教育功能所做的不懈努力,并研读了部分与之相关的书籍和资料,受益良多。读博以来,笔者又跟随导师参与国家级英模事迹宣讲团的指导工作近十次,积累了坚实的理论基础和大量的实践经验。朗读研究对研究人员自身的要求和对研究方法创新的要求,是笔者在总结了丰富的实践经验和研究经历的基础上慎重提出的。

(二)提高对朗读教育重要性的认识,积极探求教育路径和方法

从基础理论研究的层面上加强对朗读和朗读教育功能的重视,建议相关行政部门和学术研究机构制订完善的研究计划和鼓励措施,从政策和学术两方面推动对朗读的相关研究和相关成果转化,尽快对朗读实践形成较完善的科学指导系统。

另外,提升家庭教育层面对朗读教育重要性的认识同样非常重要。前文中我们用生动的事实说明了家长在青少年习惯养成和兴趣保持方面的重要示范、引领作用。科学研究表明,人的很多兴趣爱好

是在童年时期养成并固定下来的,读小学之前所受到的家庭教育和熏陶对人在青少年时期的成长,甚至是一生都具有重要的影响。孩子在6岁之前要在家里和家人一起相处52000多个小时,即便考虑孩子3岁之后读幼儿园的因素,也足以说明家长对孩子的早期教育和影响有多么重要。露丝·乐福博士是世界著名的教育管理专家、全美第三大中小学校联盟芝加哥公共学校联盟校监、加州大学伯克利分校教授、博士生导师,同时也是其创办的专门推广朗读教育的机构——RBL的总裁,她在20多年的青少年教育研究的过程中,发现了家长对孩子进行早期朗读教育并坚持下去,将使孩子的终身成长获益良多。她认为:"如果家长每天给他们学前的孩子朗读15分钟,将使学校教育方式产生巨大的变革。"(If we would get our parents to read to their preschool children 15 minutes day, we could revolutionize the schools),[①]这段话被广泛引用。

因此,在对朗读教育功能的释放问题进行研究时,一定要将家庭环境和家长的因素考虑其中。

(三)建立和完善朗读的评价体系

综观前文关于朗读现状的描述,其中有相当一部分朗读教育指导和朗读实践的误区是因为缺乏科学完善的朗读评价体系。笔者在本书第二章尝试提出了一套朗读的评价标准,但这套标准是基于普遍意义的总体标准,具体到不同的朗读实践领域,例如学校、不同的学级、正规赛事和展示活动、专业人员和普通群众、语文教师的培养、以有声语言作为主要工作语言的各行各业的工作人员等,还需要进一步细化。对朗读评价体系的完善,直接关系到朗读教育实施的规范和成败,需要各相关部门和机构共同合作完成。

---

① Trelease J. The read-aloud Handbook[M]. New York: Penguin Books Ltd., 1982:15.

第四章 朗读教育的现状和朗读教育功能的释放

(四)有计划地出版相关书籍,创造物质条件和智力支持

笔者在前文提到了对朗读相关研究成果的转化,其中将研究成果以著作的形式出版是很重要的一种方式。相关部门和研究机构应出台相关著作的出版计划和鼓励措施,为朗读的研究和实践提供充足的、完备的物质支持和智力支持。

二、加大教育决策和实施层面对朗读教育的关注

(一)继续深化语文课标和教学指导对于朗读的相关要求

中小学语文课标中都强调了"语文是文学性和工具性的统一",而朗读教育恰恰是促成文学性和工具性统一的重要途径和桥梁,即便是从只关注升学率的狭隘角度考虑,科学正确地实施朗读教育,其优质的教育效果也会对升学考试成绩带来直接和间接的提升作用,这一点我们在前文已经予以了验证。又何况朗读教育不仅仅会改善学习成绩,更对青少年的综合素质和道德品质培养,具有很好的塑造功能,这更加符合教育的本质属性。

《完善中华优秀传统文化教育指导纲要》指出:"加强中华优秀传统文化教育,是深化中国特色社会主义教育和中国梦宣传教育的重要组成部分,是构建中华优秀传统文化传承体系、推动文化传承创新的重要途径,是培育和践行社会主义核心价值观、落实立德树人根本任务的重要基础。""开展中华优秀传统文化教育,要以弘扬爱国主义精神为核心,以家国情怀教育、社会关爱教育和人格修养教育为重点,着

力完善青少年学生的道德品质,培育理想人格,提升政治素养。"[①]汉语是中华民族文化的摇篮,"语"和"文"是中华文化飞翔的两翼。在悠悠五千年的历史长河中,有声语言传播活动和简牍文字一起承载并熔铸着中华民族传统文化,是中华传统文化的重要载体和有机组成部分。文字使中华文化得以世代相传,而包括诵读经典作品在内的有声语言传播活动则使中华文化精神溶入到国人的血液之中。因此,对语文课标和教学指导中关于朗读教育的部分进一步强调、倡导和细化,是关系到教育体制改革、人才培养模式和中华优秀传统文化教育能否实现预期效果的重要步骤之一。

(二)重视和加强对朗读教育相关人员,尤其是语文教师的培训

语文教师是校内实施朗读教育的直接责任人,语文教师是否有朗读兴趣、对朗读教育功能认知的深浅、朗读能力的高低,都会对青少年群体建立良好的朗读兴趣和习惯、培养较强的朗读水平有着直接而强大的影响。陶行知先生曾经专门著文《敬告中小学教师》:"中小学教育为一般普通国民教育,为教育初基,比大学教育更为重要。二十年后中国状况如何,我们只须看现在的中小学生,以及教中小学生的教师,便可预断。老实说,中小学教师的手里,实掌握着中华民族的命运。"[②]因此,从语文教师培养的阶段开始,加强对语文教师的朗读训练和考核,不但要开设专门的朗读训练和朗读指导课程,还要开设如何训练和指导学生朗读的教育教学方法类课程,这将对青少年的朗读教育实施带来极大的好处。甚至可以考虑从师范类高校对汉语言文学专业师范方向的招生环节开始,增加类似于艺术专业高考加试一样的

---

① 教育部.完善中华优秀传统文化教育指导纲要[EB/OL].(2014-04-01)[2014-04-04].中华人民共和国教育部官网. http://www.moe.gov.cn/publicfiles/business/htmlfiles/moe/s5987/201404/166524.html.
② 陶行知.敬告中小学教师[N].申报,1931-09-10.

环节,提前对有志向成为语文教师的考生进行朗读能力和口语表达水平方面的考核,合格者才有报考该专业的资格。两条不成熟的建议,仅供教育主管部门和师范类高校参考。

另外,例如少年宫、幼儿园等与青少年教育发展联系密切的机构,也应对相关的从业人员进行朗读能力和朗读教育能力的培训与考核,形成青少年朗读教育校内校外齐加强的良好氛围,这也符合校外教育机构应与学校教育相结合和互补的国家教育指导理念。

(三)加强和改善朗读课堂教学,提高对于语文教师朗读教学的倡导力度,推行科学的考核和奖惩机制

笔者在调研中,曾经对北京城郊某区两所朗读教育实施情况良好的中学进行过采访。这两所学校各有一两位语文教师非常热衷于对学生朗读能力的培养和引领,且均取得了显著的成绩。但采访结尾时,该区教委中教科王科长的一番话让笔者感触良多:

笔　者:这几位老师能够取得这些成绩,学校或者咱们教委应该支持不小吧?奖励措施不错吧?

王科长:说实话真没有。这几位老师忙活朗读的事纯属个人爱好和责任心,不多钱不多荣誉,本职工作还得保质保量地完成,基本都是挤占个人时间在做。我们也没有这些(奖励)政策,就是口头表扬吧,他们也不求这个。

可敬可爱的教师!或许他们本人并没完全意识到,他们劳心劳力、不求回报地正在做着一件利国利民、功在千秋的大事情。笔者真诚而郑重地建议教育主管部门和学校慎重考虑建立对朗读教育推动力度大、实施效果好的语文教师的合理、科学的评价体系和奖励机制,把对朗读教育忽视轻视、实施不力的现象与学校教师考核和奖惩制度结合起来。

另外，根据笔者调研所得，建议把对语文教师的考核依据与学生的考试成绩部分剥离开，增加一些包括朗读教学能力和朗读教学效果的考量标准，以促进和提升语文教师在校内实施朗读教育的热情和动力。

(四)升学考试加入口语测试元素

在多位教育专家、文化学者历经几年、坚持不懈的倡议和推动下，从2016年起北京市将高考英语科目分值由150分减为100分，语文科目分值由150分增至180分. 中考英语科目分值由120分减少为100分，语文科目分值由120分增加到150分。此前，山东、江苏、浙江等地也对高考英语考试进行调整，取消了听力考试，放在平时考。这是语言教育向母语回归的良性信号。鲁景超教授作为全国政协委员，早在2013年提交的两份政协提案之一的《关于将汉语口语培训及考核纳入人才培养体系的提案》中就提到，"现在英语口语考试已被列入研究生入学考试科目，而且有近20个本科专业方向的高考录取需要加试英语口语。可作为中国人母语的汉语口语却不被重视。根据专业特点增加汉语口语能力测试或作为加分项应是题中之义，例如师范类专业、商科类专业、法律类专业等"，她在提案中进一步阐述说："到了当代，历史的原因、应试教育的影响以及种种因素，使得'重文轻语'的陋习卷土重来。国民教育体系中再无口语教育和训练的实质性舞台，不能不说是重大的缺失和巨大的遗憾。中华悠久文化脉络中的'语'和'文'出现了严重的单边发展的轨迹"，"21世纪，我们人才培养的目标不是那些只会低头看书的'书呆子'，而是内有诗书、外有口才的双料人才"。从目前来看，逐步在学生考试中加入口语考核的内容已经具备了良好的基础，也符合教育部发布的《完善中华优秀传统文化教育指导纲要》的理念和目的。朗读能力的考核应作为口语考核内容的重要组成部分，也是最适合小到小学一年级学生，大到本科学生等不同学级学生的考核内容和形式。

三、进一步优化教材结构,尽快实现有声教辅资料的规范化

(一)教材选文要考虑朗读元素

中小学语文教材实行三级管理之后,教材的更新速度明显增快,部分课文的选入较之前时代感明显增强,这是好事。笔者建议除了继续保留已有的教材编写优势外,还应继续研究扩大教材编写的亮点。选文时充分考虑文本的可朗读性就是其中之一。前文笔者论述过,不是所有的文本都适合有声朗读,在选材时兼顾朗读元素不应成为难事。在具体实施层面,可邀请有声语言艺术研究和实施领域的专家学者一起参与,提供专业的建议和帮助。

另外,还应考虑选入的文本朗读导向和内容引导的问题,也就是"读什么"和"怎么读"的问题。我们提倡"多读书""读好书"有一个非常重要的前提,就是什么是"好书"?怎样才能"读到"好书?武汉图书馆馆长李静霞曾经感叹说:"许多读者面临着一个很大问题,不知道如何选择好书阅读?因为读者缺乏引导。"[①]引导非常重要,本书第三章曾总结了古代学者和古代典籍中对相关问题的解决办法和建议,可供参考。这一方面的工作,教材编写机构可邀请国内拥有传统中文学科优势的高校或研究机构合作完成。

(二)教材选文要充分兼顾学生的朗读兴趣和喜好

众多教育名家都曾强调过青少年教育的基础之一就是兴趣教育,这也是对青少年进行成功教育的有效手段和有力保证。那么,对于青少年朗读教育来说,哪一类的文本最受他们青睐?哪一种文本体裁最能引起

---

① "全民阅读"将立法　专家力挺:国外早有先例[EB/OL].(2013-08-29)[2014-04-10].中国新闻网.http://www.chinanews.com/cul/2013/08-29/5219070.shtml.

他们的朗读兴趣呢？笔者在调研中分别针对家长、学生和语文教师进行了朗读文本体裁的调查，结果显示学生的喜好和兴趣点并不以教师和家长的意志为转移（见图4-46、图4-47、图4-48），只有详细了解和分析学生的兴趣和需求，才能够编写出最适合的教材，使教育成果最大化。以下的调查结果可以为教材编写机构提供一定的参考和启发。

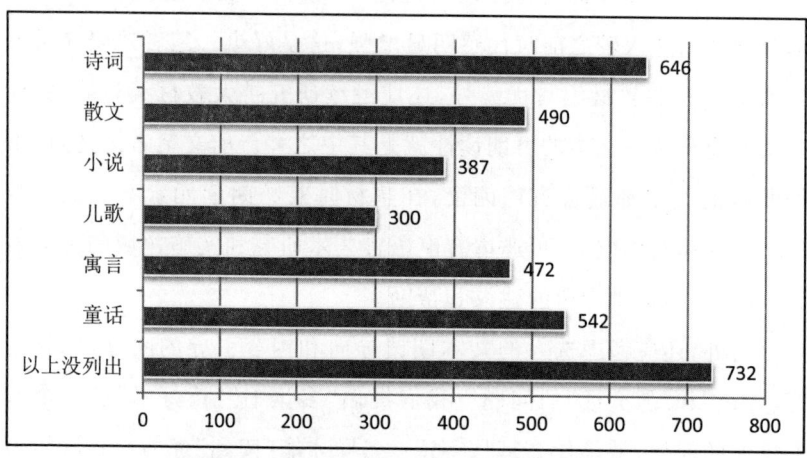

图4-46　学生版：家长给你朗读过什么作品？

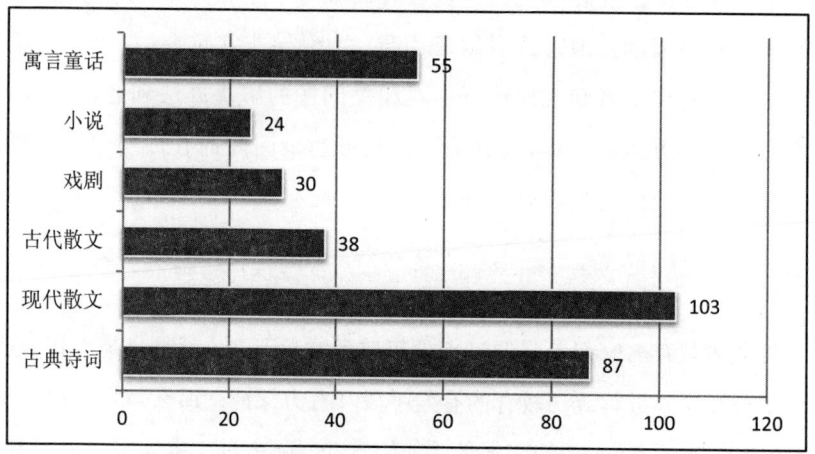

图4-47　教师版：您认为哪些作品体裁适合朗读？

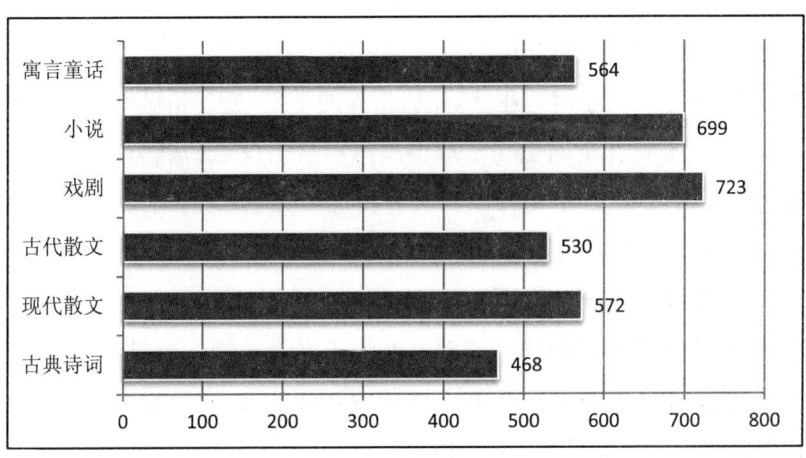

图 4-48　学生版:你更喜欢朗读哪种作品体裁?

(三)规范有声教辅资料,推出编制标准和范例,发挥其引领作用

语文课程有声教辅资料的杂乱现状为朗读教育在校内、校外的实施造成了不小的障碍,不但学生感觉无章可循,就连语文教师也感觉可用性不强(详见上一节)。因此,尽快推出语文课程有声教辅资料的标准和范例,加强和完善教辅的市场准入制度,可以为朗读教育的成功实施保驾护航。2013 年 3 月,中央机构编制委员会办公室发布了最新的《国务院部门行政审批事项汇总清单》,其中就包括中小学国家课程教材,以及跨省(自治区、直辖市)使用的地方课程教材的出版、发行需要教育部审批。[①] 笔者认为应该在审批的内容里再增加语文课程有声教辅资料的审批部分。

具体实施方面,建议可邀请中国传媒大学播音主持艺术学院作为主体之一参与其中。该学院是我国培养播音主持精英人才的重要基地,在近半个世纪的专业建设和发展过程中,一直处于领军地位,为国

---

① 中央机构编制委员会办公室.国务院部门行政审批事项汇总清单[EB/OL].[2014-04-08].中编办官网.http://spgk.scopsr.gov.cn/bmspx/showXm/2/5409.

家培养出大批语言传播高端人才。从中央电视台《新闻联播》的罗京、李瑞英、康辉、海霞,到全国各级重要广播电视机构的播音业务骨干;从国内到国外,从业内到业外,他们培养的学生,通过精湛的语言传播艺术实践,不仅在全国也在全球范围内彰显出汉语的魅力,用语言传播民族文化,用语言塑造民族精神。由此可见,该学院是最有能力承担这一重任的研究和实践机构。在教育主管部门和教材研发部门的指导下,由该学院研究设计语文课程有声教辅资料的编制规范和实施细则,然后邀请相关朗读名家和专业人士参与录制一套科学的、规范的、完整的中小学语文课程有声朗读教辅资料,如此既为中小学朗读教育提供了教学范例和参考,又对进一步规范不同版本语文教材的配套有声教辅资料起到了指导和引领作用。

四、鼓励和倡导全民朗读,建立健全相应机制

(一)建立全民朗读日

"汉语正在面临着空前的挑战。物质文化的诱惑加之西方国家殖民文化的侵蚀,使泛娱乐的语言营造出嘲笑庄严的语境,使消费逻辑与文化逻辑、当下与长远、雅文化与俗文化、日常化与审美化、琐碎庸俗与艺术内省、规范与反规范偏激的冲突日益激烈。视听语言充斥着信口开河、滑稽无聊的表现,网络词汇让人莫名其妙一头雾水,说一口流利的外语往往让人钦羡不已,汉语蹩脚一点倒显得无足轻重。南腔北调、阴阳怪气的语言面貌。不知所云、不伦不类的语言表达,任意篡改的词语,形同虚设的语法,将汉语这原本值得我们炫耀的瑰宝有可能沦为文化崩溃的软肋。有识之士担忧,长此以往,我们的语言能否再葆有汉民族的精神和魅力,中华文化生命之花果是否终会飘零,遭

受无家可归的命运?"①这是鲁景超教授早在2008年就写下的一段令人振聋发聩的文字,字里行间充斥着她对中华民族的热爱和强烈的民族责任感。如何改变这种现状?朗读为我们提供了一条解决之道。

一个民族的精神境界,在很大程度上取决于全民族的阅读水平,一个不读书的民族是走不远的,而全民朗读则是一个国家提升软实力战略的重要组成部分。早在20世纪80年代中期,美国政府就从国家层面提出了"成为阅读大国"(Becoming a Nation of Readers)的战略目标,关于朗读的重要功能和价值的论述我们在前文已详细介绍过。在中国,近些年也不断有学者专家提出关于全民朗读的建议,鲁景超教授就在2013年的全国政协会议上,递交了"关于设立'全国朗读日'的提案"。据笔者了解,这已经不是鲁景超教授第一次提出类似建议了,她对朗读教育研究的丰富心得,以及她所具有的强烈的社会责任感,促使她在几年前,就已经在很多场合提出过此类倡议,并写下了多篇让人感同身受、深受启发的关于朗读教育的文章。在她以及其他一些有识之士的呼吁和倡导下,近些年社会上对于朗读教育的关注和重视在逐渐地加强。2014年世界读书日期间,全国部分省市就组织了不同类型的、全民参与的朗读活动。但应该看到,全民朗读在中国还远未形成足够的规模,政府层面对于全民朗读的重视还有待提高。应该说,设立全民朗读日或者类似的全民参与朗读的具有规律周期和有效延续性的相关活动,不但可以解决青少年教育中的一些现实问题,还将对提高整个民族的文化素养,形成统一的民族价值观,提升国家文化软实力有着不可估量的推动作用。

(二)各行各业增加口语元素的考核

2012年,以习近平总书记为核心的新一届中央领导集体在上任伊始,就提出了改变文风会风的要求,这就意味着对领导干部的口语表

---

① 鲁景超.倡导经典朗读[N].人民日报,2008-11-13(16).

达能力间接提出了更高的要求,提倡脱稿、即兴、生动的讲话方式。

口语传播是人类表达文化之根。它以合乎人际交流基本需要的特性而成为现今最主要、最普及的信息传播途径和思想情感表达方式,对推进经济社会发展、造就各类人才、构建和谐社会等方面发挥着十分重要的影响。时代的快速发展,社会生活的高度活跃,人才竞争的日趋激烈,更能凸显出口语传播和口语能力的重要性,"口才"已成为"人才"的重要构件和显著标志。

现实生活中,从2011年"7·23甬温线特别重大铁路交通动车事故"新闻发布会上,时任铁道部新闻发言人王勇平的言语不当惹下的轩然大波,让中国人深切感受到口语表达在当今社会已经成为一种重要的生存技能和交流手段。

其实我国历史上从不缺乏口语表达的高手。据有文字的史料记载,从第一个演讲家盘庚为迁殷所作的三次演讲开始,直到秦王朝的建立,演说活动可谓历久不衰,尤其在春秋战国时期,百家争鸣,辩疑析理、讲道论学、纵横游说达到了鼎盛时期;宋代的庙堂之上,君臣争论不已,开明的政治使得官民口语传播范畴和水平得到了长足的发展和提升,此有闪烁古今的宋词和话本为证;及至近代,中国民主革命的先驱孙中山,中国共产党的创始人李大钊、陈独秀,共和国的缔造者毛泽东、周恩来等,无一不是雄辩四方的口语表达高手。

到了当代,历史的原因、应试教育的影响以及种种因素,使得国民教育体系中再无口语教育和训练的实质性舞台,不能不说这是重大的缺失和巨大的遗憾,基于此,鲁景超教授在递交给全国政协的"关于将汉语口语培训及考核纳入人才培养体系的提案"中,提出了在干部的选拔和考核中、新闻发言人选拔和考核中,以及教育工作者、司法工作者、新闻工作者等对口语表达能力有特殊需要的行业中,率先引入口语考核的元素。而朗读教育对于口语表达能力提升的显著作用,也将间接地推动人们对于朗读的重视。

五、加强与高校和社会力量的互动及合作

(一)充分利用高校相关资源作为智力支持

很多企业,尤其是一些国际性的大型企业非常重视和高校的联系与合作,很多著名的高校也在不断加强产学研一体化的发展。一方面,高校科研的理论成果和有形成果可以指导企业发展,或者直接转化为产品;另一方面,企业的生产经营实践,又可以给高校带来研究课题,提供研究方向,指导和推动高校人才培养模式的更新。这是一种双赢,如果再考虑学生因素和社会效益的话,可以认为是三赢、四赢的做法。相关部门和机构对朗读教育的推进也应该参考这种方式,充分利用高校的科研资源,对朗读进行深入的研究和探讨,然后把研究成果运用到朗读教育实践过程中,再把实践效果反馈到高校中去,指导朗读研究沿着正确的方向,朝着更深层次的研究发展。在人文学科领域,有一些高校在这方面做出了有益的尝试,也取得了很好的效果,值得借鉴。

中国传媒大学播音主持艺术学院在与用人企业的横向联合方面就做出了大胆而有益的尝试,先后与云南电视台合作共建了新闻评论教学实践平台,与中央电视台新闻中心成立了新闻播音人才教学实践平台,与中央电视台体育频道携手共建了体育播音人才联合培养项目等,不但探索了一条特殊人才培养的新模式,还取得了很好的社会效益。这些尝试都可以为朗读教育借力高校资源提供很好的借鉴和参考。

(二)加强少年宫等公办校外教育活动机构与校内教育的互补功能

教育主管部门应进一步加强对各级少年宫等公办校外教育活动机构的规范管理,继续强化这类机构作为校内教育补充的设立初衷,

充分运用其所拥有的教育和教学资源,不断加强它们的公益属性,让青少年在校内校外都能有学习和实践朗读的机会,让其成为培养和展示朗读兴趣与朗读爱好的舞台。

(三)鼓励民办非学历教育机构以适当的方式参与青少年朗读教育

在对青少年加强朗读教育,并逐步扩展到全民朗读的进程中,除了要依托教育主管部门、教育研发机构、大中小学、高校和公办校外教育活动机构外,不但不能排斥,还要加强引入社会资源参与其中,运用良好的政策环境和激励机制,引导这些社会力量积极地献计献策、参与其中,共同为朗读教育的顺利实施和深入发展注入更加充沛的活力。

六、积极争取和倡议媒体对朗读教育的关注、推广

所有的媒体都有公益性的元素存在,都必须担负一定的社会功能和社会责任,都有引领正确的、先进的社会风气、公民道德、文化艺术、社会舆论与核心价值观的责任和义务,这一点无论中外,概莫能外。媒体的教育功能、娱乐功能和文化传承都是其基础功能,而这三条也恰恰是朗读教育功能的核心组成部分,因此,由媒体来助力和实施全民朗读教育不但是题中应有之义,而且具有不可比拟的巨大优势。

(一)不抛弃,不放弃——重视传统媒体

如前文我们介绍的《阅读和欣赏》在当时对全民朗读的影响一样,时至今日我们在推行全民朗读的过程中,仍然需要借助大众传媒的巨大影响力。尽管有人认为现在已经进入全媒体时代,传统媒体如纸媒、电台和电视台等已经在新媒体的围剿和逼迫下,不但失去了往日

的光环,而且生存空间也在被一步步蚕食,渐渐式微,就快成为明日黄花了。关于媒体发展格局的变化和各种媒体形态的生存与发展问题不在本书的探讨范围之内,但就目前的实际呈现来看,各种传统媒体在坚守自身特殊优势的同时,依然具有足够大的影响力和号召力,传统媒体的权威性、说服力和普遍性在一定年龄范围和受教育程度的人群中,依然有其不可替代的传播优势。

不同的传统媒体具有不同的传播优势,纸媒可以做大文字量的展示,而且具有可保存特性;电台具有收听便利、时效性强的优势,而且相对于电视和互联网而言,需要的设备成本低廉,对其他条件的依赖最小;电视媒体具有声画结合的优势。这些优势在传统媒体的受众中分别具有不同的信息传播优势和信息接收价值。因此,如果能建立有效的合作机制,运用传统媒体基本都是国有的特性,一定会让朗读教育得到有效的普及和发展。

例如作为国家电视台的中央电视台,其除了具有企业化、市场性的一面,还担负着一定的社会责任。为了保护和扶持戏曲艺术,中央电视台开办了戏曲频道,收到了很好的社会效益。那是否可以考虑参照戏曲频道的模式,也开办一个读书频道呢?或者是在现有的科教频道里加大朗读教育的内容呢?又或者如农业节目一样,与其他领域的节目共组一个频道呢?再例如中国教育电视台,与各地的教育电视台构成了一张巨大的传播网,这张大网上是否可以为朗读教育多留点空间呢?作为有十几年一线工作体验的职业传媒人,笔者也知道这些想法的实现具有很大的政策壁垒和操作难度,但为了有一天朗读教育可以为全体国民造福,可以助推国家文化软实力的不断提升,请允许我在自己的心里理想主义一回,就当是让思想先行吧。

(二)扬其长,避其短——善用新媒体

新媒体的发展之快和攻城略地之猛,的确出乎人们的意料,同时也给人们的生活带来了极大的便利,甚至部分改变了人们的生活方式。当我们在感叹科技发展的不可思议之余,是否应该更多地考虑怎样好好利用这些新科技手段为朗读教育服务呢?

新媒体的互动性、便捷性、可移动性、传播的非线性、超强的时效性等独有的特性的确给信息的传递和接收方式带来了颠覆性的改变。人们可以不用守在电视机前等着收看自己心仪的节目;不用每天花钱买报纸就可以看到比报纸上更加丰富多彩的世界;不用非要成为电台的记者才能在广播上发表自己的见解,现在如果你愿意的话,自己就可以办一个"网络电台";以前电视台用一份并不精准的收视率报告就可以让广告客户掏出大把的钞票,现在你不拿出网络点播数据来,广告客户都懒得跟你谈;以前要在收音机前等着播音大家们给我们播读《阅读和欣赏》,现在上网一搜,朗读名家瞬间就会出现在电脑桌面上,为你带来一场精彩绝伦的视听盛宴;同一篇文学作品,手指一点,就可以"请"到数位朗诵名家为你演绎不同的版本。互联网实实在在地改变了我们的生活。

随着移动互联技术的发展,诞生了"自媒体"的概念,顾名思义,就是每个人都可以成为信息发布源,生活在移动互联网时代的每个个体既是"媒体"同时也是"受众"。现在身边发生大事件时,不用等着新闻记者来现场报道自己拿起手机就可以变身为现场记者;下一个小小的软件,轻轻按动几下,随着自己的朗读,一首带着完整配乐、效果,甚至是画面的朗读录音就完成了,你可以选择发送给亲朋好友,也可以放到你的朋友圈里供大家欣赏评论。不久的将来,也可能就在明天,随着移动互联网技术的不断完善,所有你现在能想到的媒介传播功能都可以浓缩进一部小小的手机里——随时随地打开手机,就可以选择一个喜欢的声音为自己朗读;随时随地打开手机,就可以选择一篇经典的文字朗读给自己听,让自己沉浸在优美的文学梦幻里;随时随地打开手机,就可以和志同道合者(哪怕隔着太平洋),"面对面"地进行一个小型的朗读文学沙龙,用声音之美来滋润亘古不变的友情;甚至可以打开手机,选择一位崇拜已久的偶像来共同朗读一首普希金的《我曾经爱过你》。这一切都不再是梦想,而就在你的手指间。

科技的进步是一把双刃剑,如果你不擅于驾驭它,就会因为信息的获取和筛选过程变得非常容易,而被科技和设备取代了自主的思考、思辨和品鉴,慢慢进入一种对科技过于依赖的状态。随着科技设备和互联网技术越来越人性化,使用操作变得异常简单,手指一点,就可以知道天下大事;发一个表情,就可以让所有人知道你很开心;传一张图片,就可以让全世界知道你在干什么……渐渐地,我们也习惯了用最简单的话语来交流,用图片和表情符号来沟通,用搜索引擎来获取答案,用"呵呵"来代表万语千言……科技让我们享受生活变得更简单、更快捷、更方便、更延展的同时,也让我们从具有创造力和想象力的"鲜活的人"变成了跟随设定和程序生活的"机械的人"。鲁景超教授用一段充满丰富想象力的优美文字为我们描述了这一"并不优美的现实":"铺天盖地的信息、唾手可得的百科知识、色彩斑斓的文化碎片,我们可以省略'踏破铁鞋无觅处'的过程,就能直至'得来全不费功夫'的结果,就能应接不暇地享受着'获取'的快感。于是,人们渐渐适应了'花团锦簇蜂蝶绕''百花争向艳阳红'的喧嚣,而缺少了'曲径通幽处,禅房花木深'的意趣,缺少了'踏雪寻梅'的雅致和耐心,也缺少了'曾经沧海难为水,除却巫山不是云'的鉴赏力和感悟力。"①

青少年是接受新鲜事物和科技最快的人群之一,如果任由他们在这种环境中成长,那我们的未来、民族的未来、国家的未来,甚至是人类的未来都会变得无法想象。只有认识到这种趋势的严重性和紧迫性,思考和学习驾驭科技力量的手段,让飞速发展的现代传媒科技"乖顺"地为人类服务,为朗读教育服务,我们才会在朗读的带领下,摒弃

---

① 鲁景超. 让朗读丰富我们的人生——"第十二届齐越朗诵艺术节暨第六届中国大学生朗诵大赛"观后[J]. 现代传播,2010(9):132.

麻木和浮躁,回归柔软与真挚,去营造一种富于情怀的、去功利的生活方式。

铸造中华民族美好的精神家园,当文化先行。文化强国和经济强国并举,才能构成实现"中国梦"的坚实基础。愿朗读教育能够为中华民族复兴之路增加动力,愿朗朗的读书声能够在中国这个古老的文明之国上空声声不息。这也是激励着笔者以"朗读及其教育功能"为主旨乐此不疲、勤奋探究的美好愿景。

参考文献

基础理论型著作与教材

毕征.播音文体业务理论[M].北京:中国传媒大学出版社,2004.

傅维利.教育功能论[M].沈阳:辽宁教育出版社,1990.

鲁景超.广播电视即兴口语表达[M].北京:北京广播学院出版社,2000.

鲁景超主编.电视口语传播理论和实践——校台合作人才培养模式启示录[M].北京:中国传媒大学出版社,2012.

鲁景超主编.广播电视有声语言传播受众心理研究[M].北京:中国广播电视出版社,2007.

鲁景超主编.用声音说话——人民广播播音70年回顾与展望[M].北京:中国传媒大学出版社,2011.

鲁景超主编.播音主持艺术10[M].北京:中国传媒大学出版社,2010.

鲁景超主编.播音主持艺术11[M].北京:中国传媒大学出版社,2011.

鲁景超主编.播音主持艺术12[M].北京:中国传媒大学出版社,2012.

鲁景超主编.播音主持艺术13[M].北京:中国传媒大学出版社,2013.

罗莉.文艺作品演播:修订版[M].北京:中国传媒大学出版社,2005.

齐越.献给祖国的声音[M].北京:中国广播电视出版社,1991.

祁芃.播音心理学[M].北京:北京广播出版社,1992.

汪良.小说播讲艺术[M].北京:北京广播学院出版社,1988.

吴郁.播音学简明教程[M].北京:北京广播学院出版社,2004.

徐恒.播音发声学[M].北京:北京广播学院出版社,1998.

姚喜双.播音风格探[M].北京:中国文联出版公司,1992.

姚喜双.播音学概论[M].北京:北京广播学院出版社,1998.

姚喜双,郎小平.方明谈播音[M].北京:中国广播电视出版社,2000.

姚喜双,苏海珍.话筒前的人生——著名播音艺术家林如和她的播音生涯[M].北京:中国广播电视出版社,2000.

姚喜双,郭龙生.媒体语言大家谈[M].北京:经济科学出版社,2004.

姚喜双.播音主持艺术(1、2、3)[M].北京:北京广播学院出版社.

张颂.朗读学[M].北京:北京广播学院出版社,1999.

张颂.朗读美学[M].北京:北京广播学院出版社,2002.

张颂.播音语言通论:危机与对策[M].北京:北京广播学院出版社,2002.

张颂.播音创作基础[M].北京:北京广播学院出版社,2004.

张颂.情声和谐启蒙录:张颂自选集[M].北京:北京广播学院出版社,2004.

张颂,乔实.论播音艺术[M].北京:北京广播学院出版社,1990.

张颂.中国播音学:第2版[M].北京:北京广播学院出版社,2003.

中国传媒大学播音主持艺术学院集体编写.实用播音教程[M].北京:中国传媒大学出版社,2005

基础性参考论文

鲁景超."设立首都全民朗读日"断想[J].现代传播,2010(5).

鲁景超.关于播音主持人才培养模式的思考——写给纪念人民广播播音70年[J].现代传播,2011(4).

鲁景超.口语表达与语言功力[J].现代传播,1996(2).

鲁景超.让朗读丰富我们的人生——"第十二届齐越朗诵艺术节暨第六届中国大学生朗诵大赛"观后[J].现代传播,2010(9).

鲁景超.随风潜入夜,润物细无声——朗读与情操的陶冶[J].新华文摘,2010(7).

鲁景超.关于设立"首都全民朗读日"的提案[J].中国人民政治协商会议北京市第十一届委员会委员提案,2010(2).

鲁景超.关于设立"全国朗读日"的提案[J].中国人民政治协商会议第十二届全国委员会委员提案,2013(3).

姚喜双,张艳霜.媒体语言发展刍议[J].语言文字应用,2010(1).

姚喜双.大力推广和规范使用国家通用语言文字[J].语言文字应用,2012(2).

姚喜双.大力推广和规范使用国家通用语言文字[J].中国教育报,2013(1).

姚喜双.良好的开端——首届CCTV朗诵艺术大赛评委姚喜双教授点评纪实[J].现代语文,2005(1).

姚喜双.情宜纵,声宜收——姚喜双所长点评参赛教师朗读展示[J].七彩语文,2012(2).

姚喜双.新媒体背景下的广播电视语言研究[J].语言文字应用,2012(3).

姚喜双.新闻发言人语言的风格——在"新闻发言人语言学术研讨会"上的发言[J].北华大学学报:社会科学版,2010(1).

张颂.播音教学法研究管窥[J].现代传播,2006(6).

张颂.回眸播音主持专业30年[J].现代传播,2009(1).

鲁景超.倡导经典朗读[N].人民日报,2008-11-13.

鲁景超.发挥口语优势,汲取书面语精华[N].中国教师报.2010-01-29.

鲁景超.生动地"播报"时代[N].文艺报,2010(1).

鲁景超.书,为什么非要"读"出来不可[N].北京日报,2010(4).

姚喜双.改革创新做好语言文字工作[N].中国教育报,2014(1).

姚喜双.网络语言与语言规范[N].人民日报,2008(12).

姚喜双,郭龙生.媒体及媒体语言对青少年价值观的影响研究[C].第五届全国语言文字应用学术研讨会论文集,2007.

主要工具书

《中国大百科全书》总编委会.中国大百科全书[M].北京:中国大百科全书出版社,2009.

辞海编辑委员会编.辞海[M].上海:上海辞书出版社,1979.

广东、广西、湖南、河南辞源修订组,商务印书馆编辑部.辞源[M].北京:商务印书馆,2009.

上海书同文数字化技术有限公司.书同文康熙字典[M].北京:北京万方数据电子出版社,2000.

吴广川.青年学辞典[M].长春:吉林人民出版社,1989.

现当代中文著作

《续修四库全书》编纂委员会编.续修四库全书[M].上海:上海古籍出版社,1995.

艾伟.国语问题:阅读心理[M].上海:中华书局,1948.

陈少松.古诗词文吟诵研究[M].北京:社会科学文献出版社,1996.

杜伟东.朗诵学[M].成都:成都科技大学出版社,1992.

傅璇琮,等.全宋诗[M].北京:北京大学出版社,1992.

傅璇琮,等.五代史书汇编[M].杭州:杭州出版社,2004.

洪深.戏的念词与诗的朗诵[M].北京:中国戏剧出版社,1962.

黄晖.论衡校释[M].北京:中华书局,1990.

黄仲苏.朗诵法[M].上海:开明书店,1936.

课程教材研究所.新中国中小学教材建设史(1949—2000)研究丛书[M].北京:人民教育出版社,2010.

黎翔凤.管子校注[M].北京:中华书局,2004.

李红岩.诗歌朗诵技巧[M].北京:中国广播电视出版社,2002.

李修生.全元文[M].南京:江苏古籍出版社,2001.

林打打.读书的好声音——吟诵艺术概论[M].北京:九州出版社,2013.

马其昶.韩昌黎文集校注[M].上海:上海古籍出版社,1986.

秦德祥,钟敏,柳飞,金丽藻.赵元任程曦吟诵遗音录[M].北京:商务印书馆,2009.

屈守元,思常春.韩愈全集校注[M].成都:四川大学出版社,1996.

戎寿坤,金奇.朗读念词基本技巧[M].武汉:湖北人民出版社,1982.

石佩雯.谈谈朗读教学[M].北京:人民教育出版社,1980.

唐婷婷.朗读与朗读教学[M].上海:上海教育出版社,1984.

王力.王力文集[M].济南:山东教育出版社,1989-1990.

吴建英.语文教学的本真——情意课堂展现母语之美[M].南京:江苏教育出版社,2011.

夏东元.郑观应集[M].上海:上海人民出版社,1982.

筱槟.普通话朗读练习[M].上海:新知识出版社,1958.

徐世荣.初级小学语文第一册朗读教学参考[M].北京:文字改革出版社,1964.

徐世荣.朗读·默读·背诵[M].福州:福建教育出版社,1964年.

徐世荣.普通话朗读辅导[M].北京:文字改革出版社,1978.

徐世荣.谈谈朗读教学[M].石家庄:河北人民出版社,1964.

叶圣陶,朱自清.精读指导举隅·略读指导举隅[M].郑州:河南教育出版社,1989.

叶至善.叶圣陶答教师的100封信[M].北京:开明出版社,1989.

曾早庄,刘琳.全宋文[M].上海:上海辞书出版社,2006.

张双棣等注译.吕氏春秋译注[M].北京:北京大学出版社,2000.

张友鹤校汇.聊斋志异(汇校汇注汇评本)[M].北京:中华书局,1962.

赵元任.赵元任音乐论文集[M].北京:中国文联出版公司,1994.

中国李大钊研究会编注.李大钊全集[M].北京:人民出版社,2006.

钟皓.怎样朗读[M].北京:五十年代出版社,1955.

朱自清.朱自清全集[M].长春:时代文艺出版社,2000.

朱自清.论雅俗共赏·论百读不厌[M].北京:北京出版社,2005.

庄文中.外国母语课程改革与新课程标准[M].武汉:湖北教育出版社,2004.

古代文献

吕不韦著.吕氏春秋通诠[M].王晓明注,译.南昌:江西人民出版社,2010.

班固撰,颜师古注.汉书[M].北京:中华书局,2000.

葛洪著.抱朴子外篇校笺[M].北京:中华书局,1997.

孔安国传,孔颖达疏.尚书正义[M].北京:北京大学出版社,2000.

刘向集录.战国策[M].上海:上海古籍出版社,1985.

毛亨传,郑玄笺,孔颖达疏.毛诗正义[M].北京:北京大学出版社,1999.

司马迁撰,裴骃集解,司马贞索隐,张守节正义.史记[M].北京:中华书局,2000.

许慎.说文解字[M].北京:中华书局,1963.

郑玄注,贾公彦疏.周礼注疏[M].北京:北京大学出版社,2000.

郑玄注,贾公彦疏,黄侃经文句读.周礼注疏[M].上海:上海古籍出版社,1990.

郑玄注,孔颖达疏.礼记正义[M].北京:北京大学出版社,2000.

赵岐注,孙奭疏.孟子注疏[M].北京:北京大学出版社,2000.

何晏注,邢昺疏.论语注疏[M].北京:北京大学出版社,2000.

王弼注,孔颖达疏.周易正义[M].北京:北京大学出版社,2000.

陈寿撰,裴松之注.三国志[M].北京:中华书局,2000.

郭象注,成玄英疏.南华真经注疏[M].北京:中华书局,1998.

刘义庆著,刘孝标注,余嘉锡笺疏.世说新语笺疏[M].北京:中华书局,2007.

范晔撰,李贤等注.后汉书[M].北京:中华书局,2000.

刘勰著,范文澜注.文心雕龙注[M].北京:人民文学出版社,1968.

萧绎撰.金楼子校笺[M].北京:中华书局,2011.

魏收撰.魏书[M].北京:中华书局,2000.

颜之推撰,王利器集解.颜氏家训集解[M].上海:上海古籍出版社,1980.

房玄龄等撰.晋书[M].北京:中华书局,2000.

韩愈撰,马其昶校注.韩昌黎文集校注[M].上海:上海古籍出版社,1986.

刘知几撰,浦起龙释.史通通释:第1版[M].上海:上海古籍出版社,1978.

李商隐,冯浩详注,钱振伦,钱振常笺注.樊南文集[M].上海:上海古籍出版社,1988.

李延寿撰.北史[M].北京:中华书局,2000.

李延寿撰.南史[M].北京:中华书局,2000.

欧阳询撰.艺文类聚[M].上海:上海古籍出版社,1982.

魏征撰.隋书[M].北京:中华书局,2000.

姚思廉撰.梁书[M].北京:中华书局,2000.

黄庭坚著.黄庭坚全集[M].成都:四川大学出版社,2001.

李觏著.李觏集[M].北京:中华书局,1981.

苏轼撰,孔繁礼点校.苏轼文集[M].北京:中华书局,1986.

陆游撰.陆游集[M].北京:中华书局,1976.

欧阳修撰,李逸安点校.欧阳修全集[M].北京:中华书局,2001.

欧阳修,宋祁撰.新唐书[M].北京:中华书局,2000.

秦观撰,周义敢等校注.秦观集编年校注[M].北京:人民文学出版社,2001.

苏舜钦撰.苏舜钦集[M].上海:上海古籍出版社,1981.

叶适撰.叶适集[M].北京:中华书局,1961.

曾巩撰.曾巩集卷[M].北京:中华书局,1984.

朱熹撰.朱子全书[M].上海:上海古籍出版社,2002.

尹波,郭齐,点校.朱熹集[M].成都:四川教育出版社,1996.

庄绰撰.鸡肋编[M].北京:中华书局,1983.

黄溍撰.日损斋笔记[M].北京:商务印书馆,1937.

脱脱等撰.宋史[M].北京:中华书局,2000.

郎瑛撰.七修类稿[M].上海:上海书店出版社,2001.

李东阳撰.李东阳集[M].长沙:岳麓书社,1985.

王守仁撰.王明阳全集[M].上海:上海古籍出版社,1992.

谢肇淛(zhè)撰.五杂俎[M].上海:上海书店出版社,2001.

张居正撰.张太岳集[M].上海:上海古籍出版社,1984.

朱国桢著.涌幢小品[M].上海:中华书局上海编辑所,1959.

陈宏谋辑.养正遗规译注[M].北京:中国华侨出版社,2012.

方苞撰.方苞集[M].上海:上海古籍出版社,1985.

龚自珍著.龚自珍全集[M].上海:上海人民出版社,1975.

钱谦益著,钱曾笺注,钱仲联标校.牧斋初学集[M].上海:上海古籍出版社,1985.

江藩著.国朝汉学师承记[M].北京:中华书局,1983.

昭连撰.啸亭杂录[M].北京:中华书局,1980.

孙枝蔚.溉堂集[M].上海:上海古籍出版社,1979.

唐孙华撰.东江诗钞[M].上海:上海古籍出版社,1979.

王有光.吴下谚联[M].北京:中华书局,1982.

王文诰辑注.苏轼诗集[M].北京:中华书局,1982.

王先谦撰.荀子集解[M].北京:中华书局,1988.

王先谦纂,宋晶如注.王氏续古文辞类纂[M].上海:世界书局,1935.

吴肃公撰.明语林[M].上海:上海古籍出版社,1995.

吴帜昌著.正续客窗闲话[M].长春:时代文艺出版社,1987.

袁枚著.随园诗话[M].北京:人民文学出版社,1982.

曾国藩著,王澧华.曾国藩家训.向志柱,注释[M].长沙:岳麓书社,1999.

章学诚著.文史通义新编新注[M].南京:浙江古籍出版社,2005.

张廷玉等撰.明史[M].北京:中华书局,2000.

许慎,撰.段玉裁,注.说文解字注[M].上海古籍出版社,1981.

鲁景超.华语广播电视有声语言传播的受众心理研究[M]//李晓华.聚焦世界华语播音.北京广播学院出版社,2004.

论文

蔡晶.在语文教学中如何培养学生的朗读能力[D].大连:辽宁师范大学,2006.

马碧红.初中语文朗读教学现状及应对策略[D].成都:四川师范大学,2007.

吴蔚.论传统的吟诵方法在古诗词教学中的运用[D].长沙:湖南师范大学,2008.

陈冬梅.朗读——一种应该重视的艺术教育手段[J].艺术教育,2014(1).

陈素志.古代阅读教学理论对语文阅读教学的启示[J].语文教学通讯,2011(12).

柳春蕊.论晚清古文理论中的声音现象[J].文艺理论研究,2008(3).

鲁景超,翁佳.访谈节目的绿色风景与灰色地带[J].新闻战线,2010(3).

鲁景超.奥运赛场上的中国声音——刍议中国体育播音主持队伍在奥运赛事转播中的表现[J].电视研究,2009(1).

栾洪金.我国播音主持专业教育现状思考[J].当代传播,2008(4).

王玲玲.朗读教学与语感构建[J].语言教学与研究,2003(5).

王茜.学生诵读能力的提高要从语文教师抓起——兼谈专业播音主持院校培养中小学语文教师诵读能力的重要性[J].中国校外教育,2009(S3).

王岩俊.让朗读教学重新回归语文课堂[J].现代语文(教学研究版),2014(1).

吴洁敏,朱宏达.情韵朗读模式的形成和言语认知发展的深化[J].浙江大学学报(人文社会科学版),2009(5).

吴康宁.教育的社会功能诸论评述[J].华中师范大学学报(哲学版),1996(3).

姚喜双.梅益谈播音工作[J].现代传播,2002(5).

姚喜双.强化播音员主持人的素养——从齐越的"播音三戒"谈起[J].中国广播,2007(11).

姚喜双.夏青和他的政论文播音(上、下)[J].现代传播,1992(5-6).

姚喜双.新闻播音语言规范研究的奠基之作——读齐越《十天播音工作个人总结》[J].现代传播,2007(3).

外国文献：

卡西尔.符号、神话、文化[M].耶鲁大学出版社,1979.

涂尔干.教育及其性质与作用[M]//张人杰.国外教育社会学基本文选.上海：华东师大出版社,1989.

丹纳.艺术哲学[M].傅雷,译.北京：人民文学出版社,1963.

摩尔根,L. H.古代社会[M].杨东莼,马雍,马巨,译.北京：商务印书馆,1981.

JUSTICE, AMY E. Sofka：Engaging Children With Print——Building Early Literacy Skills Through Quality Read－Alouds[M]，New York：The Guilford Press，2010.

崔利斯 了.朗读手册[M].沙永玲,麦奇美,麦倩宜,译.天津：天津教育出版社,2006.

Richard C. Anderson, Elfrieda H. Hiebert, Judith A. Scott, Ian A. G. Wilkinson：Becoming a Nation of Readers——The Report of The Commission on Reading，Washington D. C.，The National Academy of Education，The National Institute of Education，1985.

索绪尔.普通语言学教程[M].高名凯,译.北京：商务印书馆,1980.

培根.论读书[M]//王佐良 编.并非舞文弄墨：英国散文名篇新选.北京：三联书店,1994.

维特根斯坦.哲学研究[M].陈嘉映,译.上海：上海人民出版社,2001.

泰勒.原始文化[M].连树声译.上海：上海文艺出版社,1992.

附 录

附录一 华东师范大学中国语言文学系 2009－2012级培养方案(师范班)

一、指导思想：

打下扎实基础，拓宽专业知识；提升理论水平，加强能力训练；培养创新精神，全面发展学生的综合人文素质。

二、培养目标及要求

为我国教育事业发展培养符合下列要求的优秀教师：

1. 师范气质卓越——行为端庄，严于律己。信守承诺，敬业爱生。教书育人，为人师表。

2. 教学技能出众——专业知识丰富，熟悉教育心理，熟练掌握语文教学法，能有效组织课堂教学。具有较强的口头和书面表达能力，具备一定的教学研究能力和创新能力。

3. 学科基础扎实——对语言、文学诸方面理论有较丰厚的知识储备,了解学科研究的最新进展,初步掌握中文研究的基本方法,增广学识,厚积薄发。

4.文化视野开阔——熟悉中国传统文化,了解世界先进文化。求知欲旺盛,善于接纳新鲜知识,能够不断提高自身的文化素养。

5.爱国敬业,具有高尚的思想情操,热心为社会服务。

6.身心健康,有责任感,富有团队合作精神。

7.胜任语文教学工作,愿意为教育事业奉献力量。

8.掌握一门外国语以及基本的电脑操作技能。

三、学制和学分要求：

学制为四年。

总学分:160 分

四、课程结构比例

1.通识教育平台课程 56 学分,占 35.0%

2.学科基础平台课程 30 学分,占 18.7%(相关学科基础课程 7 学分,学科基础课程 23 学分)

3.专业课程 44 学分,占 27.5%(核心课程 28 学分,拓展课程 11 学分,实践课程 5 学分)

4.教师教育课程 30 学分,占 18.8%

五、教学计划表：

(详细课程见课程表)

六、修读指导：

1. 学生在选课指导教师的指导下选择自己的学习进程，修满教学计划规定的160学分方能毕业。

2. 建议学生在一、二年级选课每学期最高不超过27学分，最低不低于20学分。三、四年级每学期最高不超过24学分，最低不低于14学分。

3. 学校通识教育平台课程II模块要求文科学生在信息科学、自然科学课程中修读6学分，教师教育通识课程6学分。因师范生已在教师教育板块修读"教育研究与拓展课程"6学分，故教师教育通识课程6学分用专业拓展课程抵充。

4. 允许学生修满学分提前毕业或延长学习年限，但学习年限最长不得超过6年。

5. 每学期末学生可以申请创新学分（公开发表的学术论文或文学创作、各类奖项），经系教学委员会评议通过后，获得创新学分2学分，用于抵充拓展课程的学分。本科阶段每位学生只能获得一次创新学分。

6. 中文系学生可选修人文学院课程，可以充抵拓展课程的若干学分。

附录二　华东师大中国语言文学系 2009－2012级课程表(师范班)

华东师范大学课程表

（2013—2014学年第二学期，自第1周(2月17日)开始）

中国语言文学系12级汉语言文学专业(1)班

课程/教室\星期	一	二	三	四	五	六	七	八	九	十	十一
一	英语			中国文学史（二）彭国忠 第一教学楼(331)		马克思主义基本原理概论					
二			中国文学史（二）彭国忠 第一教学楼(331)	中国文学批评史 锡惪 第一教学楼(323)	外国文学史（一）刘文瑾 第一教学楼(347)						
三				美学 黄学 第一教学楼(311)		导师活动					
四	英语			体育	古代汉语（二）郭瑞 第一教学楼(331)						
五				心理学 第一教学楼(311)							

课程名称	必修	限选	任选	学时	学分	教师
英语拓展（一）		✓		36	2	大英部
英语拓展（IV）		✓		36	2	大英部
体育（二）	✓			36	1	大体部
马克思主义基本原理概论	✓			54	3	社科部
中国文学史（二）	✓			72	4	彭国忠
外国文学史（一）	✓			54	3	刘文瑾
古代汉语（二）	✓			54	3	郭瑞
美学	✓			36	2	刘阳
中国文学批评史			✓	36	2	锡惪
心理学			✓	36	2	锡惪

附录三 北京师范大学 2010 级汉语言文学专业师范班本科课程总表[①]

2010—2011 第一学期		
周一	上午	中国古代文学原著精读 1 马东瑶 [2—7,9—18 周][3—4 节] 二 201
周二	上午	中国现代文学史 1 林分份 [2—18 周][1—2 节] 二 201
	下午	教师语言艺 张燕玲 [9 周][5—6 节] 七 303 教师语言艺 张燕玲 [12 周][5—6 节] 七 303 教师语言艺 张燕玲 [12 周][7—8 节] 七 303
周三	上午	现代汉语 1 许小颖 [2—8,11—18 周][1—2 节] 二 201 数理统计 刘京莉 [6—18 周][1—2 节] 四 110 5 班 数理统计 温红博 [2—18 周][3—4 节] 二 108
周四	下午	中国古代文学原著精读 1 马东瑶 [8 周][5—6 节] 九 204
周五	上午	教师语言艺 张燕玲 [2—7,9—18 周][1—2 节] 二 201
	下午	现代汉语 1 许小颖 [11—12 周][5—6 节] 七 404
2010—2011 第二学期		
周一	上午	中国现代文学史 2 黄开发 [1—17 周][3—4 节] 七 202
	下午	文学概论 季广茂 [1—2 周][9—11 节] 七 202 文学概论 季广茂 [3—17 周][9—12 节] 七 202
周二	上午	现代汉语 2 许小颖 [1—17 周][1—2 节] 九 402
	下午	中国当代文学原著精读 张清华 [1—17 周][5—6 节] 生一
周三	上午	中国古代文学原著精读 2 李小龙 [7 周][1—2 节] 生一
周四	下午	中国古代文学原著精读 2 李小龙 [1—3,5—17 周][5—6 节] 生一

[①] 北京师范大学官网 http://sctl1.bnu.edu.cn/jwmis/

续表

2011—2012 第一学期		
周一	上午	中国古代文学史1 过常宝 [1—4,7—9,12—17周][1—2节] 九301 师范班 中国古代文学史1 助教 [11周][1—2节] 九301 师范班 中国古代文学史1 过常宝 [1—4,7—9,12—17周][3—4节] 九301 师范班 中国古代文学史1 助教 [11周][3—4节] 九301 师范班
	下午	中国通史 罗新慧 [2—4周][6—8节] 九502 中国通史 赵贞 [6—9周][6—8节] 九502 中国通史 赵贞 [10周][6—8节] 九502 中国通史 林辉锋 [11—17周][6—8节] 九502
周二	上午	中国美学名著导读 姚爱斌 [1—4,6—17周][1—2节] 二108 古代汉语1 刘丽群 [1—4,6—17周][3—4节] 二115 师范1班 古代汉语1 孟琢 [1—4,6—17周][3—4节] 七106 师范2班
	下午	外国文学史1 王向远 [1—2,4,6—11,13—17周][5—7节] 九502 3班 东方文学名著选读 王向远 [2—4,6—17周][8节] 九502 3班 东方文学名著选读 王向远 [2—4,6—17周][9节] 九502 3班
周三	上午	教师媒介素养概论 周敏 [1—4,6—17周][1—2节] 九301 中国现代文学原著精读 沈庆利 [1—4,6—15,17周][3—4节] 九201 师范班
周四	上午	古代汉语1 孟琢 [1—4,6—17周][3—4节] 七406 师范2班 古代汉语1 刘丽群 [1—4,6,8—17周][3—4节] 二115 师范1班
	下午	语言学概论 张和友 [1—4,6—9周][6—8节] 四313 师范1班 语言学概论 宋作艳 [1—4,6—9周][6—8节] 四309 师范2班 语言学概论 张和友 [10—17周][6—8节] 八407 师范1班 语言学概论 宋作艳 [10—17周][6—8节] 八406 师范2班
周五	上午	民俗学概论 万建中 [1,3—4,6—14,16—17周][1—2节] 九304 2班 古代汉语1 刘丽群 [8周][3—4节] 七307 师范1班
2011—2012 第二学期		
周一	上午	西方文学名著选读 张欣 [1—7,9—17周][1—2节] 九502 当代西方文化批评 外聘教师 [20周][3—4节] 九104 实践周课程
	下午	中国现代小说研究 钱振纲 [1—17周][7—8节] 二108 先秦两汉魏晋南北朝诗歌研究 李山 [1—17周][7—8节] 九502 当代西方文化批评 外聘教师 [20周][7—8节] 九104 实践周课程

续表

周二	上午	中国古代文学史2 康震 [1—8,10—17周][1—2节] 二101 中国古代文学史2 康震 [1—8,10—17周][3—4节] 二101 当代西方文化批评 外聘教师 [20周][3—4节] 九104 实践周课程
	下午	中国当代文学史 张宁 [1—17周][5—7节] 敬文讲堂 当代西方文化批评 外聘教师 [20周][7—8节] 九104 实践周课程 文学理论专 童庆炳 [1—2周][9—11节] 八101 文学理论专题 赵勇 [3—17周][9—11节] 八101
周三	上午	古代汉语2 刘丽群 [1—17周][1—2节] 二104 古代汉语2 孟琢 [1—17周][1—2节] 二103 马克思与现代美学 吕黎 [1—17周][3—4节] 九204 当代西方文化批评 外聘教师 [20周][3—4节] 九104 实践周课程
	下午	教育心理学 李庆安 [1—17周][5—6节] 九403 教育心理学 孙汉银 [1—17周][5—6节] 艺201 教育心理学 赵希斌 [1—17周][5—6节] 二201 教育心理学 王爱平 [1—17周][5—6节] 二208 教育心理学 黎坚 [1—17周][5—6节] 二301 教育心理学 蒋挺 [1—17周][5—6节] 电106 西方文学名著选读 张欣 [11周][7—8节] 化二 当代西方文化批评 外聘教师 [20周][7—8节] 九104 实践周课程 宗教民俗学 鞠熙 [1—17周][9—10节] 二108
周四	上午	西方文论史 陈太胜 [1—17周][3—4节] 二101 当代西方文化批评 外聘教师 [20周][3—4节] 九104 实践周课程
	下午	外国文学史2 吴泽霖 [1—17周][6—8节] 九502 当代西方文化批评 外聘教师 [20周][7—8节] 九104 实践周课程 中文学科大学生职业生涯规划 张爱芹 [1—10周][9—10节] 九201 中文学科大学生职业生涯规划 胡志峰 [11—17周][9—10节] 九201
周五	上午	汉字学 李运富 [1—9,11—17周][1—2节] 九201 文艺美学与大众文化专题 赵勇 [1—6,10—17周][3—4节] 九201 文艺美学与大众文化专题 助教 [7—9周][3—4节] 九201
	下午	先秦两汉魏晋南北朝散文研究 尚学锋 [1—3,5—7,9—17周][7—8节] 八101

续表

2012—2013 第一学期		
周一	上午	外国文学史 3 姚建彬 [2,5—17周][1—2节] 生一 民间文学概论 杨利慧 [1—17周][3—4节] 九403 古注选读之四书选读 王立军 [1—7,9—17周][3—4节] 七404
	下午	古代汉语词汇学 卜师霞 [1—17周][5—6节] 七202 现代汉语语法学 李晋霞 [1,4—17周][9—10节] 二201
	晚上	中国现代散文研究 黄开发 [8周][11—12节] 八201
周二	上午	中国古代文学史 3 李真瑜 [1—3周][1—2节] 九404 中国古代文学史 3 李真瑜 [4—5周][1—2节] 九404 中国古代文学史 3 李真瑜 [6—17周][1—2节] 九404 唐宋散文研 康震 [1,3—9周][3—4节] 二101 唐宋散文研 康震 [15周][3—4节] 二101 唐宋散文研究 康震 [16周][3—4节] 二101 唐宋散文研究 康震 [17周][3—4节] 生一
	下午	语文教材研 外聘教师 [1周][5—6节] 七304 中国现代戏剧研究 邹红 [1,4—7,11,14,16—17周][9—10节] 八201 中国现代戏剧研 助教 [3周][9—10节] 八201 中国现代戏剧研究 邹红 [9—10周][9—11节] 八201 中国现代戏剧研究 邹红 [12周][9—10节] 校外场地 中国现代戏剧研究 邹红 [13周][9—11节] 八201 中国现代戏剧研究 邹红 [15周][9—11节] 八201
	晚上	现代汉语语法学 李晋霞 [6周][11—12节] 二201 现代汉语语法学 李晋霞 [7周][11—12节] 二201 现代汉语专刁 晏斌 [10—12周][11—12节] 七106
周三	上午	现代汉语专刁 晏斌 [1—2,5—6,8—17周][1—2节] 九404 中国现代散文研究 黄开发 [2—17周][3—4节] 八201

续表

	下午	批评理论与实践 吕黎 [1—17周][5—6节] 八101 中国当代小说研究 张清华 [16周][7—8节] 九502 中国古代文论史 陈雪虎 [18周][6—8节] 四205 教育学 余清臣 [1—17周][9—10节] 七202 教育学 刘水云 [1—17周][9—10节] 七203 教育学 李兴洲 [1—17周][9—10节] 七302 教育学 乔卫平 [1—17周][9—10节] 七304 教育学 钱志亮 [1—7,9—17周][9—10节] 四101 教育学 高益民 [1—2,5,7—17周][9—10节] 七303 教育学 高益民 [4周][9—11节] 七303 教育学 高益民 [6周][9—11节] 七303 教育学 钱志亮 [8周][9—10节] 院系自排教室 中国古代文论史 陈雪虎 [18周][9—11节] 四205
	晚上	语文教材研 外聘教师 [2—17周][11—12节] 九101
周四	上午	现代汉语语音学 许小颖 [1—13,15—17周][1—2节] 二201 中国古代文论史 陈雪虎 [18周][1—4节] 四116 中国古代文学史3 李真瑜 [1—17周][3—4节] 九404 西方翻译理论与实 吕黎 [1—17周][3—4节] 八306 中国古代文论史 陈雪虎 [18周][1—4节] 四116
	下午	中国古代文论史 陈雪虎 [18周][5—6节] 四115 中国当代文学热点研究 谭五昌 [1—17周][9—10节] 二108
	晚上	古注选读之四书选读 王立军 [7周][11—12节] 七404 外国文学史3 姚建彬 [8—9周][11—12节] 生一 唐宋散文研 康震 [10—13,17周][11—12节] 八101
周五	上午	中国当代小说研究 张清华 [1—13,16—17周][1—2节] 九502
	下午	儿童文学概 张国龙 [1—17周][5—6节] 敬文讲堂 中国古代文论史 陈雪虎 [1—3周][7—8节] 九404 中国古代文论史 陈雪虎 [4周][7—8节] 九404 中国古代文论史 陈雪虎 [5—9,11—14,16—17周][7—8节] 二106 唐宋诗词研 谢琰 [1—8,10—17周][9—10节] 敬文讲堂

续表

2012—2013 第二学期		
周一	上午	语文课程改革理论与实践 郑国民 [1—5, 7—8, 11—16 周][1—2 节] 二 211 语文课程改革理论与实践 外聘教师 [6 周][1—2 节] 二 211 语文课程改革理论与实践 陈晓波 [9 周][1—2 节] 二 211 语文课程改革理论与实践 郑国民 [1—5, 7—8, 11—16 周][3—4 节] 二 211 语文课程改革理论与实践 郑国民 [6 周][3—4 节] 二 211 语文课程改革理论与实践 郑国民 [9 周][3—4 节] 二 211
	下午	比较文学概 王向远 [1—16 周][5—6 节] 九 502 文化诗学专 李春青 [1—12, 14—16 周][7—8 节] 化一
周二	上午	中国文化概 李山 [1—16 周][1—2 节] 二 108 微格语文课 张秋玲 [1—2 周][3—4 节] 二 102 语言学名著导读 宋作艳 [1—16 周][3—4 节] 九 102 微格语文课程 张秋玲 [3—5 周][3—4 节] 四 403 教育见习 赵宁宁 [3,5 周][3—4 节] 敬文讲堂 微格语文课 张秋玲 [6—16 周][3—4 节] 院系自排教室
	下午	中国当代作家作品专题 熊修雨 [1—3 周][5—6 节] 二 301 儿童文学名著选读 张国龙 [1—16 周][5—6 节] 二 108 教育见习 赵宁宁 [4 周][5—6 节] 敬文讲堂 语文教育学 张燕玲 [1—16 单周][7—8 节] 九 304 中国传统语言学与文言文教学专 孟琢 [8 周][7—8 节] 九 304 语文课程设计 张秋玲 [12 周][7—8 节] 九 304 训诂学 齐元涛 [14 周][7—8 节] 九 301
周三	上午	教育见习 赵宁宁 [6—9 周][1—2 节] 七 504
	下午	影视文学研 梁振华 [1—16 周][5—6 节] 二 101 现代汉语词汇学 孙银新 [1—5, 10—16 周][5—6 节] 八 205 现代汉语词汇学 孙银新 [12—15 周][7—8 节] 八 205
周四	上午	训诂学 齐元涛 [1—11, 13—16 周][1—2 节] 九 204 语义与认知 孙炜 [1—16 周][3—4 节] 二 211 中国传统语言学与文言文教学专题 孟琢 [1—7, 9—11, 13—16 周][3—4 节] 九 104
	下午	中国当代诗歌研究 谭五昌 [1—16 周][7—8 节] 二 108 元明清小说研究 莎日娜 [1—16 周][7—8 节] 二 101 微格语文课 [6—16 周][9—11 节] 二 102

续表

周五	上午	《文心雕龙》精读 姚爱斌 [1—6周][1—2节] 九201 中国古代语言文字学论著导读 刘丽群 [1—16周][1—2节] 九204 《文心雕龙》精读 姚爱斌 [7—16周][1—2节] 八102 外国经典作家专题研究 杨俊杰 [1—16周][3—4节] 敬文讲堂 语文课程设计 张秋玲 [1—12,14—16周][3—4节] 九103 中国传统语言学与文言文教学专题 孟琢 [13周][3—4节] 九103
	下午	语文教育学 张燕玲 [1—16周][7—8节] 九304
2013—2014 第一学期		
周三	下午	美国教育史 张斌贤 [1—2,4—11周][9—11节] 九401
周日	晚上	教育实习 张燕玲 [1—17周][11—12节]

图书在版编目(CIP)数据

朗读教育功能论/高原著.—北京:中国传媒大学出版社,2018.5
(播音主持学术前沿)
ISBN 978-7-5657-2252-3

Ⅰ.①朗… Ⅱ.①高… Ⅲ.①朗诵—语言艺术—研究
Ⅳ.①H019

中国版本图书馆 CIP 数据核字（2018）第 050515 号

朗读教育功能论
LANGDU JIAOYU GONGNENGLUN

著 者	高 原
策划编辑	李水仙
责任编辑	李水仙
特约编辑	张 婧
责任印制	曹 辉
封面制作	郭 琳
出版发行	中国传媒大学出版社
社 址	北京市朝阳区定福庄东街1号　邮编:100024
电 话	86—10—65450528　65450532　传真:65779405
网 址	http://www.cucp.com.cn
经 销	全国新华书店
印 刷	北京玺诚印刷有限公司
开 本	710mm×1000mm　1/16
印 张	14.5
字 数	181 千字
版 次	2018年5月第1版　　2018年5月第1次印刷
书 号	ISBN 978-7-5657-2252-3/H·2252　定　价　65.00元

版权所有　翻印必究　印装错误　负责调换